“十二五”国家重点图书出版规划项目
国家出版基金资助项目
湖南省重点图书资助项目
湖南省法治文化精品项目

国家出版基金项目
NATIONAL PUBLICATION FOUNDATION

如何当好调解员系列丛书

主　编◎谢　勇　廖永安

社会心理学在调解中的运用

SHEHUI XINLIXUE ZAI TIAOJIEZHONG DE YUNYONG

谢　勇　邬欣言　廖永安　等编著

湘潭大学出版社

“法治湖南建设与区域社会治理”协同创新
中心平台(矛盾纠纷化解与区域社会治理)建设成果

湖南省社科基金重点委托项目
“法治湖南框架下调解理论创新与规则之治”(12WTB30)

国家社科基金重大项目“构建全民共建共享的社会
矛盾纠纷多元化解机制研究”(15ZDC029)阶段性成果

总　序

调解，亘古绵延，传承至今，不仅是中华民族的优良传统，也是享誉世界的纠纷解决之“东方经验”。在长达数千年的历史长河中，调解不仅是外显于传统社会的治理模式，也是内嵌于淳朴人心的处事习惯与生活方式；不仅是人们定纷止争的理想选择、思维习惯，也是为人们所称颂的息事宁人、和睦相处的传统美德。更为弥足珍贵的是，源自于东方的调解文化，在发展和传播的过程中，其理念和价值早已为域外文明所接受，成为西方话语主导下的现代司法体系中一个难得的东方元素和中华印记。

穿越数千年，历久而弥新。发源于传统中华文化，扎根于现代司法体系中的调解，在社会转型、矛盾凸显的历史新时期，俨然已成为社会和谐稳定不可或缺的降压阀、消火栓。当前，我国正处于经济社会发展的重要战略机遇期和社会矛盾凸显期，维护社会和谐稳定的任务艰巨、繁重，构建人民调解、行政调解、司法调解“三位一体”大调解格局，已成为推进社会矛盾化解、推进社会治理创新的重要抓手，成为多元化纠纷解决机制中的重要一环。然而，在时代赋予调解更多使命，在社会寄予调解更高期待的同时，调解能否承载起这样的使命，能否满足这样的期待，却还是一个值得探讨和反思的问题，以至于无论是在学术界，还是在实务界，依然还存在不少争议。盖因为调解理论研究及规范建设的相对滞后，使调解的价值局限于传统的小圈子里，使调解的作用止步于调解员的个人经验前，调解的体系化、规则化、标准化建设亟待加强，影响了调解价值理念的广泛认同以及功能作用的充分发挥。以调解员的培训为例，作为调解的主体力量，目前活跃在人民调解、行政调解、司法调解战线上的调解员数以百万计，但是，调解员队伍建设缺乏强有力的理论指导和体系化的培训支撑。调解员队伍规模很大但素质参差不齐，调解程序因地制宜但缺乏必要的规范，调解方法灵活多样但主要囿于直接经验。因此，建立科学、系统、规范、实用的调解员理论体系和调解员培训体系，已经是调解事业可持续发展的关键瓶颈，亟待各方重视，抓紧解决。

经由近年来中外法律的交流，我们已经了解到，在调解这一领域，不少后发国家，调解的学科化或科学化发展趋势十分明显。社会学、心理学、神经学等研究成果在调解领域的广泛应用，不仅大大提升了调解的科学化水平，还使调解成为了一门新兴的综合学科。体系化、标准化的调解课程不仅是调解员培训必修的课程，也成了法学院学生的常规课程。调解学科的兴起，还催生了一个行业或职业。在一些国家，调解已经商业化，成为了人们可以终身为业的一种职业。我们不得不承认，在调解的现代转型上，实际上在不少方面我们已经落后了。这也引起了我们的忧思，为何我们的文化传统在异域他乡就可以演变为一门学科、一门生意、一种职业呢？实用主义的引导与作用，或许是一个答案。而从技术层面而言，精细化的研究始终是一个不可逾越的基础。如果我们再不警醒，再不转变调解的研究方式，再不提升调解的精细化研究水平，长此以往，调解话语权的流失似乎是必然的，调解是否有可能成为又一个纯粹的西方话语呢？

基于这样的使命感，我们策划出版了“如何当好调解员系列丛书”。我们希望以“如何当好调解员”为切入点，一方面，对我国调解传统文化及其应用展开精细化的研究，探索调解由传统向现代转型的路径，努力掌握调解的话语权；另一方面，也希望抓住调解员这一核心要素，从调解经验总结、调解经典案例评析、调解社会心理学应用、调解策略梳理等多维度构筑我国调解员严密、科学的培训体系，为大力加强调解员队伍建设，全面发挥调解在促进社会矛盾纠纷化解、社会治理创新中的作用提供有力的智力支持。

本套丛书也是湖南省调解理论研究与人才培训中心推出的首项成果。2012年1月9日，在时任中共湖南省委书记周强同志的高度重视、亲切关怀、殷切期望下，湖南省司法厅与湘潭大学共建的湖南省调解理论研究与人才培训中心正式成立，旨在立足湖南、辐射全国、面向世界，在充分挖掘传统调解文化和开发本土调解资源的基础上，合理借鉴域外经验，综合借助法学、社会学、心理学、历史学等研究方法，大力推动法治框架下调解基础理论研究与创新，积极推进社会治理创新背景下调解人才队伍建设，力争为构建适应我国现代化进程和具有普世价值意义的调解话语体系作出一分贡献。

我们期待，这一套丛书的出版，能够为调解的理论研究和规范化建设添砖加瓦，也能够为吸引更多的人投身调解这项事业添薪加火。期待与您一路前行。

谢勇

二〇一二年元月十八日

（谢勇：湖南省人大常委会副主任，湘潭大学法学院名誉院长，教授、博士生导师）

前言

社会心理学是一门就人们如何看待他人、如何影响他人、又如何相互关联的种种问题进行科学研究的学科。调解的目标不是依据法律对事实做出仲裁和判断对错,而是在帮助双方当事人有效沟通的基础上,找到双方都满意的解决方案,促成自愿和解。因此,可以说调解的学问本质上是社会心理学的学问。《如何当好调解员:社会心理学在调解中的运用》力图以通俗生动而又不乏科学性和系统性的方式向读者呈现:如何将社会心理学在认知、沟通、谈判、态度、决策与问题解决方面的理论和技术应用到调解中。

本书的第一、二章向读者们展示了社会学、心理学的理论对于冲突和纠纷的界定和解释,旨在帮助调解员们能够更深刻地、透过现象看本质地去理解他们常常打交道的冲突与纠纷,能够科学地认识社会冲突与民间纠纷的本质、特点、动因和发生发展的机制与规律。本书的第一章:当前我国的社会冲突与民间纠纷:介绍了社会冲突的概念与本质,当前我国民间纠纷的范围和类型、现状、特点及其未来的发展趋势。本质上,冲突是一种双边关系,也是一种从知觉到行为的过程;造成冲突的动因或目标可以是对立、不相容的,也可以是具有妥协性或合作可能的。根据不同的标准,可以对民间纠纷进行不同的分类:违反社会公德的纠纷和违反法律的纠纷;单方行为引起的纠纷和双方行为引起的纠纷;传统型纠纷和现代型纠纷。当前的中国处于社会矛盾的高发期,社会整体存在较高风险。各种社会矛盾频繁发生,冲突和纠纷数量持续攀升;冲突和纠纷的主体向多元化、类型向多样化、性质向复杂化方向发展,群体性事件增多;冲突和纠纷涉及的社会关系复杂化,造成的破坏性后果更为严重,社会影响更为广泛。从演化趋势来看,今后我国的社会冲突和民间纠纷还会增加且呈复杂化态势:物质性矛盾增加、价值性矛盾大量显现,且两种矛盾相互交织和纠缠;经济上和观念上被剥夺感相互强化,局面更复杂,后果更不可预见。

第二章:冲突与纠纷的社会心理学解释。社会心理学对人际冲突的研究,主要有三种取向:心理学、社会学和符号学。这三种取向分别从个人心理与行为、社会结构与过程、民族心理与文化心理的角度，探讨人际冲突的心理归因及变化规律，社会冲突的根源、形式、过程及其功能，文化与冲突之间的关联等。心理学的解释侧重个体心理和行为，包括冲突归因模型、导致冲突升级的心理因素及其心理变化规律，冲突管理的思维方式等；社会学的解释侧重社会结构和过程，主要包括社会学家齐美尔的社会冲突思想，科塞的功能冲突论，达伦多夫的辩证冲突论，科林斯的综合冲突论等；符号学的解释侧重于文化对于人们认识冲突、应对冲突的态度和方式的影响，特别关注中国人对于冲突的看法、心态和应对方式。

法律角度的评估在调解中虽然有时也会起到作用，但调解员的任务仍然主要是（在有些个案中甚至全部是）从心理学的角度解决问题，比如如何与当事人沟通，获得信任，获取信息；如何帮助当事人有效理性地交换意见；如何帮助当事人突破思维、情感的障碍，带着乐观的心态和面向未来的建设性的态度去解决问题；如何整合各种信息，帮助当事人找到双方都满意的纠纷解决方案——均是在处理沟通、情感、认知、态度、思维、决策和问题解决的问题，而这些问题正是社会心理学研究的主题。

第三章：构建积极的沟通模式。旨在讨论调解员如何与当事人有效沟通，又如何帮助双方当事人之间理性地沟通。沟通在调解中是第一个重要的环节，从调解员第一次与当事人接触时起，沟通就开始了。同时，双方当事人之所以会求助于作为第三方的调解员，其根本问题就是双方本身无法针对纠纷的解决进行有效的沟通。因此无论是简单还是复杂的纠纷，调解员的一个最基本的任务，便是为双方当事人提供有效的沟通模式。怎样的沟通是有效的呢？沟通的目标是为了双方能够理性地交换各自的想法、诉求、信息，朝着和解的方向讨论各自认为可行的纠纷解决方案。而对于第三方的调解员而言，能够做的是这样几个方面的工作：首先，提供有利于沟通的场所，沟通场所作为调解的物理场域影响和决定着心理场域。场所是否中立，是开放的还是私密的，以及场所的布置等都会给当事人带来不同的心理感受与暗示。其次，提供有利于沟通的流程和规则，调解有一般的流程和规则，这些流程和规则都是为有效沟通服务的，是为了避免沟通的非理性和无效率。所以调解员并不是死守流程和规则，而应根据双方当事人当下的态度、情绪和调解的进度灵活地主导调解程序。第三，掌握有效的沟通方式，人与人之间的沟通是门大学问，社会心理学中有许多专门研究是关于沟通的策略与技术的，比如如何倾听，如何提问，如何重组和反馈信息，如何通过观察当事人的表情和肢体语言捕捉信息，如何利用当事人的“重要他人”来帮助沟通。第四，关于调解员的信任与偏见的问题。建立信任是调解员在初期沟通中的首要任务，只有当事人感受到调解员毫无偏见、保持中立,才有可能对调解员和调解工作产生信任感和信心。但是偏见又确实是在社会中普遍存在的心理现象,调解员通过了解一些与偏见相关的心理效应,能够更好地帮助自己避免偏见,保持公正。

第四章:消除冲突双方的心理障碍。许多纠纷无法得到有效的解决,是因为当事人双方可能存在一些来自于认知和情感方面的阻碍。认知方面的阻碍主要指当事人对冲突持有的一些谬误性的认知和有偏差的思维方式,包括:零和思维与虚构固定馅饼假设、消极的判断框架、双方赋予价值的差异、过度投入和越陷越深、归因谬误与偏见等。这些认知和思维方面的阻碍可能会使当事人将打败对方视为自己的目标;持有过高的期望值和过度的自信而不愿意让步;因为纠结于过去的投入和损失而不愿意面向未来寻求建设性的问题解决方案;或者因为对对方的偏见而不愿意好好沟通。另一方面,心理学的决策研究也发现,人们的决策往往也受到情绪、情感等非理性因素的影响,冲突中的当事人双方同样也是带着各自的情绪和情感进入到调解活动中来的,调解员不可避免地要应对这些情绪和情感的问题,甚至在许多个案中,情感问题的解决本身便是冲突解决的关键。在愤怒情绪的支配下,当事人的言行与决策肯定都是非理性的;为了追求公平感或者为了维护面子和自尊,当事人也有可能会固执于一些未必对自己有利的选择;而极度弱势的人们也可能会因为感到无助而悲观绝望。调解员的重要任务之一是能够敏锐地发现在当事人身上阻碍调解顺利进行的认知和情感障碍,然后帮助当事人认识并且突破这些心理障碍,增强他们积极解决纠纷的动机,从而能够平复情感、面向未来、积极乐观地面对冲突并且能够打破僵局,做出适当的让步。

第五章:促成双赢的问题解决。调解指向的目标是帮助双方和解协定的达成。在简单的纠纷中,也许双方当事人很快便能自动达成和解。但在复杂的纠纷中,尤其是在涉及问题较多的纠纷中,如何帮助当事人寻求到双赢的问题解决方案,便是一件极具挑战性和创造性的工作了。在这方面,谈判心理学给我们提供了许多可以参考的理论与方法。调解员需要了解的是:在单一和立体的谈判空间中,可能会存在妥协式和整合式的问题解决方案,在缺乏积极的谈判空间的情形下,如何把一些扁平的谈判空间立体化,便是一个智慧的调解员需要研究的问题。本章为调解员提供了一些可以参考的思路:首先是问题的识别与排序。我们在刚开始接触双方的争执时,浮在表面的往往是双方当事人的立场。立场和利益是两个不同的概念,立场往往表现为“是与否”、“对与错”、“行与不行”的表态,而利益才是决定立场以及当事人态度改变的重要因素。作为调解员,要有识别问题的洞察力,双方当事人立场背后的利益是什么?利益之下的潜在利益又有哪些?同样的问题对于不同当事人而言又具有怎样不同的利益？所有各个方面的利益与价值对于当事人而言，需要优先满足的是什么，其次，最后又分别是什么？在对双方的利益及优先次序有了清楚的认识之后，调解员可以帮助当事人打破之前争执不休时思维上的条条框框，在尽可能获取信息和构建假设的基础上重构问题，通过做大蛋糕、非特定性补偿、跳出法律思维、削减代价、搭建桥梁等方式，寻求创造性的问题解决方案。

如果说本书的前几章更加关注的是在纠纷解决中一般的个体性心理规律与应对技巧的话，那么本书的最后两章更加关注群体与文化的因素。第六章：群体性纠纷与调解。群体性纠纷因为其中的一方或者双方人数众多，因此要比一般的纠纷复杂得多，调解的难度也要大得多。群体性纠纷的复杂之处不仅仅是因为在人数上的众多，更是因为一旦个人集合成了群体，其心理、行为以及决策的规律便发生了变化，群体并不是若干个体的简单相加，而是若干个体在情感、认知、思维、决策等各方面发生了化学反应，发酵为一种特属于群体的意志和行为方式。社会心理学就集群行为和群体心理有许多经典研究，比如从众；群体影响的诸多方面：社会助长、社会懈怠、去个体化、群体极化以及群体思维与决策；群体中的角色与规范等。调解员在对群体、群体的心理与行为特征有了深刻的认识，并且掌握了一定的群体性纠纷解决的具体技巧之后，再去面对给我们带来压力和挑战的群体性纠纷时，一定会游刃有余。

第七章：中国文化心理与调解。中国文化有着比西方更加悠久的调解传统，中国人讲究"和为贵"，在中国的乡土社会中也一直有"和事佬"帮助乡邻解决纠纷的传统。但当调解这种"东方经验"被西方人借鉴和引入之后，他们对调解的程序、规范、原则和任务做了明确的、细致的规范，也对调解的一些具体策略技巧进行了具体的研究。作为调解员，我们需要接受这些基础的职业训练，但调解活动是要落实到真实的社会生活领域中，是要实际地解决当下的问题的，是与生活在一定社会、文化、时代中的真实个体发生互动的。通俗地说，调解是一件需要接地气的活儿，那么就得适应当下本土的文化和心理。文化心理学的研究发现，文化能够影响和塑造人们的心理和行为，在认知方式、思维方式、情绪的感受和表达、沟通方式、价值观念等各方面，都是可能存在文化差异的。有一些社会心理学家着力进行本土的社会学和心理学的研究，他们提出并且研究一些特属于中国文化的概念，其中的一些是与调解关系密切的，比如人情与面子、气与气场、尚和与中庸以及中国人的权威人格与权威。这些研究能够帮助我们更好地理解中国人的心理与行为，更透彻地理解中国文化中的人际互动的规则，讨论在现代中国调解实践的实然与应然。

目录

第一章　当前我国的社会冲突与民间纠纷

调解员是一个与“冲突”“纠纷”和“矛盾”等打交道的职业，调解员的任务便是以一种最有效、最合理、最平和的方式帮助当事人妥善解决好冲突与纠纷。目前，全国共有81.7万个人民调解组织和428万名人民调解员，每年调解各种矛盾纠纷达八九百万件，调解成功率在96%以上，为维护群众切身利益、维护社会和谐稳定、服务经济社会发展作出了重要贡献。① 因此，作为调解员，特别是一名好的调解员，不能不对社会冲突与民间纠纷的内涵、类型以及根源等问题有一种科学的认识，也必须对我国当下的民间纠纷现状与发展趋势有一种客观而清醒的觉知。

一、认识社会冲突

冲突在社会中时常能见到，也许在冲突的激烈程度、发生的领域、争论的问题等方面会有多样的表现，存在各种差异，但是只要是冲突，便在形式、构成要素和本质上有着一致性。比如，以下就是几个选自于社会生活不同领域中的冲突案例：

案例1.1　上网引发的家庭成员间冲突

24岁的斌斌在深圳一家知名企业的流水线上做工。近来他迷上了上网，甚至有几次旷工泡网吧。班组长将电话打到老家，向父亲说明了情况。父亲当即给斌斌打电话，批评了他的这一行为。斌斌口头答应好好上班，但口气明显比较敷衍。之后仍然没事就泡网吧，姑姑在网上对他进行说教，斌斌认为上网是个人自由，后来干脆不理姑姑。姑姑告诉了父亲，父亲十分生气，再次打电话责备斌斌，斌斌却显得很不耐烦，挂掉了父亲的电话；父亲再次打过去，斌斌不接。父

---

①　全国人民调解工作会议召开，2013年8月30日。http：//www. moj. gov. cn/index/content/2013－08/30/content_ 4805326. htm？node＝7318.

亲大发雷霆，认为斌斌不仅玩性大，还变得不尊重长辈，母亲在一旁安慰，父亲的怒气却迟迟不消。

案例 1.2　盖房子引发的邻里纠纷

盘城社区徐西组居民王某家盖楼房，由于楼房结构问题，楼顶檐口跟西边邻居徐某家檐口不齐，要稍微高于徐某家。根据地方风俗，出现这样的情况是不吉利的。两家关系素来不好，常有小摩擦。因此，徐某赶到王家，认为这是王家给自家找晦气，要求王家立即停止施工；王家认为，此时楼房已经基本盖好，就差楼顶房檐，此时停工会造成不小损失，断然拒绝了徐家的要求。双方都憋着一口气，谁也不肯让步。在争执中发生口角，先是推推搡搡，进而大打出手。最后，王某找到了社区调解委员会。①

案例 1.3　合同变更引发的商业纠纷

媒体报道，中国蓄电池某巨头T集团与另一家竞争对手进行价格战，同下游加工企业进行合同变更，导致部分企业因资金困境出现停产现象。T集团相关负责人称，由于行业竞争，集团有意降低生产成本从而提高竞争力，与其代加工企业的《委托代加工合同》内容确实发生了变更。其一是公司不再为代加工企业提供电池极板的业务；其二是延长电池的质保期。代加工企业中，浙江C能源科技有限公司未就合同修改达成一致。C公司负责人称，两企业曾于2012年签订《委托加工合同》，合作期限为3年，现在仍然有效，要求继续执行原合同；T集团则认为双方合作期间，C公司多次怠于履行合同义务，导致合同损失不断扩大，C公司长期、累计占用集团资金共计2992万元，同时涉及从市场退回电池的售后服务问题。C公司辩称，上述占用资金实际上是电池极板的资金，这些极板已经按照订单要求装进了电池产品中，并未占用；对于电池退回所涉及的售后义务，有些是电池自身质量原因，有些是产品使用过程中的问题；关于售后质量问题，公司同意在恢复履行合同后在原合同的基准上，协商具体解决方案。同行经营者表示，C公司自有资金较少，原来该公司不需要自购极板，资金要求不高，但随着T集团委托合同的变更，极板需自己购买，导致资金吃紧无法继续生产，从而引发纠纷；也有业内人士认为，蓄电池行业的价格战是问题的根源，说明行业正需要一次更为先进的技术变革以及商业模式的创新。②

① 案例改编自110法律咨询网，http：//www.110.com/ziliao/article－288804.html.

② 案例改编自：2014年6月17日《每日经济新闻》有关报道。

案例 1.4　环境事件引发的群体性冲突

2014 年，杭州市政府规划在中泰乡九峰村建造日烧 3000 吨的垃圾焚烧发电厂，一旦建成，将成为亚洲最大的垃圾焚烧发电厂。此事引发包括杭州城区居民、中泰乡辖下村村民的担忧，当地居民表示，要建造的焚烧厂毗邻众多水源地，并且当地也是重要的龙井茶产地。5 月 9 日，不断有城区居民和中泰乡村民到九峰村聚集，在通往焚烧发电厂建造地的一条长约 500 米、宽 5 米的柏油路上，聚集了大约五千多人。有群众举着"抵制垃圾焚烧，保护绿色家园"的白色条幅。下午 3 时许，有居民爬到穿过九峰村的省道和高速路上，想让过往车辆看到他们的抗议，造成车辆拥堵。事发前一天，有大批警力到现场维持秩序，警方在高速公路想要驱散抗议的群众，双方为此发生了言语、肢体冲突，一些群众受伤，被送往当地医院。事发后，余杭区政府网站发布通告，对此事进行了正面回应。通告称，该项目是市重点环保和民生项目，在没有履行完法定程序和征求民众的理解和支持的情况下，一定不开工；项目前期过程中，将邀请当地群众全程参与，充分听取和征求大家意见，保证广大群众的知情权和参与权。①

以上四个冲突事件无论是从其发生的领域、规模，还是其涉及的群体和影响力来讲，都存在明显差别，但也有很多的共同之处：四个事件都是双方或多方之间的冲突；冲突的起因都是某一方希望获得某种对方不愿意提供的东西，这些东西包括对长辈的孝顺，对邻里的尊重，对合作方经济利益的补偿，对公众知情权、参与权和环境权利的认可等；冲突都有一个从认知到行动，从开始到升级的过程。

（一）冲突的定义

英语"conflict"（冲突）一词来源于拉丁语"configere"，意为"碰撞"。有学者将冲突视为两个以上的角色（包括个人和团体）或两个及两个以上的人格（包括自然人和法人）因意识到目标、利益的不一致，所引起的思想矛盾、语言攻击、权力争夺或行为斗争。也有人主张：冲突指个人、团体或组织间，因目标、认知、情绪和行为之不同，而产生矛盾和对立的互动历程。② 美国社会学家科塞（Lewis Alfred Coser）则认为："冲突是在价值观、信仰以及稀缺的地位、权利和资源分配上的斗争，在这种斗争中，一方的目的是企图压制、伤害或消除

① 案例改编自：2014 年 5 月 11 日《新京报》刊发文章《杭州 5 千人聚集抗议垃圾焚烧厂项目》。

② 赵树坤：《社会冲突与法律控制》，西南政法大学 2007 博士学位论文，第 12－13 页。

另一方。"[①] 作为当代冲突论的代表，科林斯（Randall Collins）否认将冲突简单地定义为暴力（行为）或敌对（态度），而以相容性或不同的问题立场来界定冲突。他认为冲突始终包含着对立、争论、协调、交换意见、沟通、对话、建立关系和调整关系的一系列过程。从这个意义上来讲，一切社会中所发生的人与人之间的交往关系，都必定会包含冲突因素。因为凡是存在人与人之间交往的地方，由于每个人都试图达到满足其利益的目的，就势必在交往关系的展开过程中，用尽一切资源和手段同与他发生关系的其他人进行协商和交换，以便通过多种形式的交换和协商，换取由他自身和他人两方面所提出的必要的让步。交往和协商的过程就是斗争的过程。[②]

综上，可以认为冲突是指两个或两个以上主体之间基于某种竞争性诉求，产生的从心理到行动的持续对峙过程。冲突至少包括了以下构成要素：第一，冲突是有目的的。这些目标包括权力、利益、地位、观念、价值或信仰，并且冲突各方都意识到追求的目标具有不相容性；第二，基于不相容目标产生主体行动上的竞争与压制，即一方通过行动追求利益，势必会危及到另一方的利益；第三，主体实现目的的交互行动最终形成冲突的实际状态。

（二）冲突的特征

从前文中的讨论来看，冲突具有以下三个特征：

1. 冲突是一种关系

冲突存在于对立主体之间，从而排除个人的自我人格层面的内在冲突的情况。冲突的这一特征，提醒调解员在处理矛盾、解决纠纷时，应该从冲突的双方寻找根源，树立客观、中立的立场，不偏听偏信，不单方问责。

2. 竞争性诉求是冲突的动因

这里的竞争性是广义的，它既可能是对立、不相容的诉求，也可能是具有妥协、商谈、合作空间的诉求。从这个意义上讲，调解纠纷，不只是消极地化解矛盾、避免破坏性后果。如果处理得当，也可以化危机为生机，出现皆大欢喜的局面，得到双赢的结果。

3. 冲突是一个过程

此种过程至少包括了冲突主体对竞争性目标的知觉、感受、意识、对立或紧

① 科塞：《社会冲突的功能》，孙立平等译，华夏出版社 1989 年版，前言。

② 高宣扬：《当代社会理论（下）》，中国人民大学出版社 2005 年版，第 982 页。

张形成，直至赤裸裸的攻击行为，敌意或紧张的消解等阶段。[①] 因此，调解员应该树立整体的、系统的调解观念，不纠缠于细枝末节，而要追本溯源，找到问题的真正根源，方能对症下药，事半功倍。

二、我国民间纠纷的概念与类型

（一）民间纠纷的概念

纠纷（Dispute）一词通常指“争执不下的事情”。徐昕认为：“纠纷指特定主体基于利益冲突而产生的一种双边或多边的对抗行为。它又常被称为冲突、争议或争执，其本质可归结为利益冲突”。[②] 不少学者指出应该把纠纷视为一个包含着不同阶段的发展过程，如一些法人类学家提出，纠纷过程可以分为三个阶段：单向的“心怀不满”或“前冲突”阶段（The Grievance or Preconflict Stage）、双向的“冲突”阶段（The Conflict Stage）以及有第三者介入的“纠纷”阶段（The Dispute Stage）。[③]“前冲突”阶段是指当事者觉得自己受到不公平待遇或权益遭受了损害，从而产生不平不满及愤慨等情绪，并可能采取某些单向性（Monadic）行动的过程。在这一阶段，感觉不满的当事者可能选择的反应包括：忍受、回避和提出谴责或问题。其中忍受和回避使纠纷暂时或长期保持在潜在的状态，甚至就此消灭。而向对方提出问题，进行谴责以表达自己的不满，则是一种更为常见的选择。如果对方的反应是包括立即改变自身行为在内的忍受与回避，纠纷于是也就停留或消灭在“前冲突”的阶段。但此时对方如果采取针锋相对的争执态度和行为，纠纷过程即进入了“冲突”阶段。所谓“冲突”阶段，在此被理解为局限在纠纷双方之间相互作用上的双向性过程，这些相互作用往往由双方一系列的对抗或争斗行为组成。当事者自行处理并可能使纠纷终结于这个阶段的情形主要包括“交涉”（Negotiation）与“征服”或“压服”（Conquest）

---

① 赵树坤：《社会冲突与法律控制》，西南政法大学2007 博士学位论文。

② 徐昕：《纠纷解决与社会和谐》，法律出版社2006 年版，第66 页。See Laura Nader and F . Todd, Jr, Introduction, in: Laura Nader and Harru F . Todd, Jr, ed, The Disputing Process: Law in Ten Societies, New York: Columbia University Press. 1978. pp . 14－15，转引自王亚新：《社会变革中的民事诉讼》，中国法制出版社2000 年版，第209 页。

③ See Laura Nader and F . Todd, Jr, Introduction, in: Laura Nader and Harru F . Todd, Jr, ed, The Disputing Process: Law in Ten Societies, New York: Columbia University Press. 1978. pp . 14－15，转引自王亚新：《社会变革中的民事诉讼》，中国法制出版社2000 年版，第209 页。

两个类型。无论是持续的对抗争斗，还是交涉或压服，如果纠纷之外的主体介入此过程并充当处理该纠纷的第三者，纠纷过程就从“冲突”阶段过渡到“纠纷”阶段。而进入到“纠纷”阶段，不仅意味着纠纷对周围人们或社会的影响达到了相当程度，同时也意味着纠纷的进行和处理被置于更广阔的公共空间中。在这里，“冲突”阶段指的是一种由一系列对抗争斗争行为组成的双向性过程，而“纠纷”阶段则是指第三方介入后的纠纷处理过程。但一般而言，“冲突”与“纠纷”两个词常被不加区分地使用。

关于“民间纠纷”，在法律上没有一个严格的定义。2002 年 11 月 1 日起施行的《人民调解工作若干规定》第 20 条将人民调解可以调解的民间纠纷的范围规定为：公民之间以及公民与法人和其他社会组织之间涉及民事权利义务争议的各种纠纷。《人民调解工作若干规定》的第 22 条则从反面排除人民调解委员会不能调解的纠纷，包括：法律、法规规定只能由专门机关管辖处理的，或者法律、法规禁止采用的民间调解方式解决的纠纷；人民法院、公安机关或者其他行政机关已经受理或者解决的纠纷。但是，随着社会的发展，矛盾纠纷越来越复杂和多样化，在各地的司法实践中，人民调解的范围又突破了这一规定，已经渗透到法人、社会组织之间的纠纷化解中。甚至有些地方的人民调解已经拓展到轻微刑事案件的化解中，并取得了积极的效果。据此可以认为，所谓民间纠纷，是指公民、法人和其他社会组织之间因涉及民事权利义务争议、因违反社会公德、因轻微刑事违法行为而引发的纠纷。要准确理解民间纠纷的含义，必须把握以下几点：

首先，民间纠纷是发生在平等主体之间的纠纷。民间是与官方相对而言的。在民间纠纷所引起的法律关系中，无论是公民、法人和其他社会组织，他们都处于平等的地位，在法律上具有平等性。

其次，民间纠纷主要是民事纠纷。民事纠纷主要是指发生在平等主体的公民、法人和其他社会组织之间的、有关人身权益和财产权益的纠纷。民事纠纷主体地位的平等性以及民事权利义务的可处分性，使得民事纠纷通过调解解决成为可能，且更具比较优势。

最后，民间纠纷还包括因违反社会公德和轻微刑事违法行为而引发的纠纷。现实生活中存在着大量的因违反社会公共道德而引发的纠纷，这类纠纷对抗性不强，但往往影响较大，如不及时处理很可能就会激化成法律事件，所以有必要纳入民间纠纷的范围，并通过调解予以解决。对于因轻微刑事违法行为而引发的纠纷，虽然构成了犯罪，但由于情节轻微，一般属于自诉案件范围，通过调解进行处理将有利于问题的彻底解决。

（二）当前民间纠纷的主要类型

对民间纠纷进行科学的分类，对于掌握民间纠纷的发生发展规律、采取正确有效的纠纷解决方法都具有重要意义。在实际工作中，人们习惯于把民间纠纷分为婚姻家庭纠纷、财产权益纠纷、生产经营性纠纷以及其他纠纷。婚姻家庭纠纷包括夫妻纠纷、其他家庭成员间的纠纷、赡养纠纷、抚养纠纷、虐待纠纷、继承纠纷等。财产权益纠纷包括债务纠纷、宅基地纠纷、损害财物纠纷、共有物的使用和分割纠纷等。生产经营性纠纷包括土地纠纷、山林纠纷、水利纠纷、牲畜纠纷、农机具纠纷等。其他纠纷包括轻微性伤害纠纷、邻里纠纷、损害名誉纠纷等。这种分类方法的好处是纠纷的内容能使人一目了然，并有针对性地选择合适的纠纷解决方式。但分类标准不统一，有些纠纷类型相互包含，故这种分类也有欠妥之处。譬如，婚姻家庭纠纷作为一类纠纷是以纠纷主体作为分类标准的，但许多婚姻家庭纠纷的内容又会涉及有关财产权益的争议。

运用不同的标准，可以对民间纠纷进行不同的分类。与对纠纷的调解方法和技巧相结合，可以将民间纠纷从以下角度进行划分。

1. 违反社会公德的纠纷和违反法律的纠纷

以纠纷内容是否涉及国家法律为标准，可将民间纠纷分为违反社会公德的纠纷和违反法律的纠纷。违反社会公德的纠纷主要是人们在实际生活中因为语言、行为等违反道德规范引起的纠纷。这类纠纷往往发生在熟人之间，具有易激化性、突发性和复发性的特点，所以要求重视对这类纠纷的调处，调解的依据主要是道德规范和善良习俗。违反法律的纠纷是指具有法律上的权利义务关系的纠纷，它包括民事纠纷和轻微刑事案件。这类纠纷具有以下特点：（1）当事人之间存在一定的法律关系；（2）一般都要求义务人为一定的行为或不为一定的行为；（3）一般都涉及当事人的经济利益、经济能力等问题。对于法律纠纷的调解，一方面要依照政策和法律办事，同时还要考虑当事人的实际情况。换言之，既要考虑到对合法权益的保护，也要兼顾当事人的经济能力以及纠纷的彻底解决等问题。

2. 单方行为引起的纠纷和双方行为引起的纠纷

以纠纷的起因是单方行为还是双方行为为标准，可将民间纠纷分为单方行为引起的纠纷和双方行为引起的纠纷。单方行为引起的纠纷是指仅由当事人一方的故意或过失的行为而引起的争执。如当事人一方故意讥讽、奚落、谩骂对方而引起的人际关系纠纷，一方故意或过失而未全面履行义务引起的民事纠纷，一方故意或过失造成对方伤害而引起的轻微刑事案件等。单方行为引起的纠纷具有下列特征：(1) 纠纷是由一方当事人的故意或过失的行为引起的，另一方没有过错；(2) 一方当事人故意挑起争端往往有其他的背景和因素。在对这类纠纷进行调解时，调解人员应着重对有过错的一方当事人进行说服和疏导，可以引导过错方采用道歉的方式消除争端。但是对这类纠纷往往不能就事论事，而是需要追根溯源，找出纠纷发生的背景因素和症结所在，从根本上解决问题。

双方行为引起的纠纷是指当事人双方都有过错，即双方都有故意或过失的行为而引起的争执。这类纠纷的特点是：(1) 双方对立一般都比较严重，并都有一定的思想准备，矛盾易激化；(2) 双方当事人均有一定的过错；(3) 当事人往往互为权利义务主体，即都享有一定的权利，又承担一定的义务。对于这类纠纷，调解员必须及时稳定双方的情绪，并有针对性地做好各方的思想工作，防止矛盾激化。在履行阶段，调解员要特别注意督促双方当事人全面履行义务，以防止当事人过分强调自己享有的权利，忽视自己的义务。

3. 传统型纠纷和现代型纠纷

以纠纷涉及关系的历史渊源为标准，可以将民间纠纷分为传统型纠纷和现代型纠纷。传统型纠纷是指在社会上已经长期存在的纠纷，如婚姻家庭纠纷、邻里纠纷等。现代型纠纷是指随着社会的发展变化而出现的新型纠纷，比如消费者权益纠纷、环境侵权纠纷、城乡建设规划、城镇管理以及拆迁补偿和安置等方面的纠纷。对于传统型纠纷，人们往往积累了丰富的调解经验，在调解的时候更多地是运用情理和常识。对于现代型纠纷的调解更倚重相关的法律、法规和政策，同时，调解现代型纠纷的策略和方法是值得关注和研究的问题。

三、我国民间纠纷的特点和发展趋势

当今中国社会处于急剧转型时期，政治、经济、社会、文化各领域都在经历前所未有之变化，这种变化无论是在广度、速度或深度上都是史无前例的。转型带来重大机遇，同时也带来巨大挑战和诸多问题。一方面，我国社会经济快速发展，工业化、城市化、现代化水平稳步提升；另一方面，社会整体出现变动：传统价值观受到冲击，社会秩序出现震荡，社会各阶层加速分化，重大社会利益面临调整等。

伴随着利益关系和利益格局的深刻调整，近年来我国已经进入社会冲突的高发期，各种矛盾频繁发生，民间纠纷持续增长。而且，民间纠纷的主体向多元化、类型向多样化方向发展，冲突造成的破坏和社会影响日益严重，社会冲突与社会秩序之间剑拔弩张。①

（一）民间纠纷的特点

1. 纠纷数量高位运行

1978 年至 1982 年，全国法院处理民事申诉来信 39800 件，接待民事申诉来访近 44000 人次，两者相加共 83700 件（人）次；从 1998 年至 2002 年，在同样 4 年时间里，全国法院共接待处理群众来信来访 4224 万件（人）次，上升了近 500 倍。近年来数量居高不下的“上访”也反映了社会矛盾的增加。以集体上访为例，2000 年，全国县级以上的党政信访部门，受理的群众上访批次、人次分别比 1995 年上升 2. 8 倍和 2. 6 倍；2001 年，同比上升 36. 4% 和 38. 7% 。② 2004 年，全国县级以上接待的群众上访批次和人次分别增加了 15. 2% 和 18. 1%，其中国家信访局接待的群众上访人次与批次上升了 44. 6% 和 73. 6% 。③ 2005 年这一势头虽然得以遏制，但当年全国县级以上党政信访部门受理的信访总量仍然达到 126516 万件，而且国家信访局受理的信访量没有下降。④ 根据历年《中国法律年鉴》的统计，从 2008 年至 2012 年的 5 年间，全国法院民事一审案件收案数分别为：5 412 591 件，5 800 144 件，6 090 622 件，6 614 049 件，7 316 463 件；全国人民调解委员会调解民间纠纷数分别为；4 981 370 件，5 797 300 件，8 418 393 件，8 935 341 件，9 265 855 件。从统计结果看，在这 5 年间，全国人民法院民事一审案件的收案数以及人民调解委员会调解的纠纷数不但数量巨大，并且每年均呈上涨趋势。根据司法部的统计数据，从 2002 年到 2012 年的十年间，各级人民调解组织和调解员共调解各类矛盾纠纷 5746. 9 万件；而从 2007 年到 2012 年的 5 年间，全国各类人民调解组织共调解各类矛盾纠纷近 4000 万件。⑤ 也就是说，后 5 年的矛盾纠纷占了十年间总数的 70%，这都说明社会冲突和纠纷的数量是呈攀升趋势。

---

① 董小红：《民间纠纷变化对人民调解制度的挑战》，《湖北社会科学》2011 年第 6 期。

② 程浩、黄卫平、汪水成：《中国社会利益集团研究》，《战略与管理》2003 年第 6 期。

③ 湖北省信访局：《湖北省学习贯彻信访条例辅导读本》（内部印刷），2005 年 3 月，第 33 页。

④ 郑杭生：《中国人民大学中国社会发展报告》，中国人民大学出版社 2007 年版，第 168 页。

⑤ 人民调解组织解 4000 万疙瘩，2013 年 1 月 10 日，司法部官网。

2. 纠纷种类多样化

目前社会冲突和纠纷主要集中于农村土地问题、拆迁问题、劳资纠纷和就业问题、治安问题和公民权利保障问题等。近年来土地流转纠纷大量涌现，而因土地承包或转包发生的各种纠纷所占比例最大。有学者对沈阳沈北新区调查发现，在该区某司法所提供的法律咨询登记簿上，在20个常见咨询问题中有16个问题都与土地流转有关，其中既有转包到期后承包人继续占用发包人土地而引发的纠纷，也有发包人要求承包人提高承包金不成而发生的纠纷等。此外，因土地征收、征用或房屋拆迁补偿而发生的纠纷也多有发生。①

随着市场经济的深入发展，劳资纠纷也在大量涌现。从1997年到2006年，全国劳动争议受理的案件迅速增多，每年的增幅在20%以上，短短的10年当中，就从1997年的71524件增加到2006年的317162件，其数量增加了3倍以上。2008年，在《劳动合同法》《就业促进法》的实施以及经济危机加剧等多重因素的影响下，劳动纠纷更是出现爆发性增长的态势：当年全国各级劳动争议仲裁机构共受理劳动争议案件6913万件，当期案外调解2317万件，当期立案的劳动争议案件比上年增长98%。②

3. 纠纷主体多元化

由于所有制分配方式的调整，社会矛盾的主体也在不断发生变化。除了公民与公民之间的冲突与纠纷外，公民与单位或其他社会组织之间、企业与企业之间、公民与政府及其他社会管理部门之间的冲突与纠纷增多。从阶层分布看，由过去比较集中的工人、农民和学生等群体扩大到复转军人、教师乃至国家干部等人员。

4. 纠纷涉及的社会关系复杂化

当前，民众的法律意识比以前有所提高，在许多纠纷发生时懂得寻求法律解决。但总的来讲，基层民众的法律意识和法治观念普遍不高，再加上家庭宗族观念相较城市更强，因家族繁衍形成的亲属关系、婚姻形成的姻亲关系、因地域形成的邻里关系等使得人与人之间的联系更为密切，所以民事纠纷若不及时解决便将导致进一步激化，往往会演变成群体性事件的发生，随之带来严重的社会负面

① 陈光、梁俊菊、刘筱童：《论转型时期民间纠纷的特点及解决机制》，《湖南警察学院学报》2012年第6期。

② 汝信等：《中国社会形势分析与预测》，社会科学文献出版社2004年版，第276页。

影响。[①]

民事纠纷，尤其是土地和房屋纠纷涉及集体土地承包经营制度、农村宅基地制度以及国家经济政策，纠纷本身较为复杂多样。近年来因土地纠纷而引发的信访事件不断增多，有学者分析："土地一热，土地纠纷和涉地信访必然增多，有理的理直气壮上访，没理的也赖着上访，如有些农民前些年不愿种地，主动交回土地或擅自弃地撂荒，现在又回来要地，要不上就上访；有些农民几亩几分地过去不当回事不上访，现在当大事上访。"[②] 这一方面反映了民众的法律意识现状，另一方面也反映了当前民事纠纷处理的复杂性。

5. 社会性突发事件和群体性事件增多

目前，我国社会性突发事件的形式主要有：集体上访、静坐、集会、示威游行、罢工、堵塞交通、封堵政府大门或冲击政府、制造公共混乱事件、网络聚集以及传闻引发的集体行动等。

群体性事件的数量逐年上升。据统计，全国范围的群体性事件在1993年共8709宗，此后一直保持快速上升趋势，1999年，群体性事件总数已经超过32000宗，7年间增加了3倍；2002年至2004年均保持在40000宗以上，有些事件的规模达到几千甚至几万人。[③] 中国社科院对外发布的2005年《中国社会蓝皮书》统计数据表明，从1993年到2003年间，我国群体性事件数量已由1万起增加到6万起，增加了六倍多，参与人数也由约73万人增加到约307万人，增加了四倍多；2004年全国各地共发生5.8万多起群体性事件，相当于20世纪90年代中期的6倍多。国外资料显示：中国的抗议事件的增长率自1993年以来，每年都保持在9%以上，我国学者研究的数据也证实了这一点（见表1）。

另外，据劳动和社会保障部提供的统计公报，2006年全年各级劳动争议仲裁委员会受理的劳动争议案件中，集体劳动争议案件1.4万件，涉及劳动者35万人；2007年集体劳动争议案件1.3万件，涉及劳动者27万人。近年来，由环境问题造成的群体性事件不断增加。1996年—2005年，全国因环境问题引发的群体性事件上升11.6倍，年均递增28.8%。[④]

---

① 陈光、梁俊菊、刘筱童：《论转型时期民间纠纷的特点及解决机制》，《湖南警察学院学报》2012年第6期。

② 韩冀：《当前农村土地纠纷的特点与对策》，《农村经济与科术》2012年第6期。

③ 于建嵘：《转型期中国的社会冲突》，《凤凰周刊》2005年第7期。

④ 汝信等：《中国社会形势分析与预测》，社会科学文献出版社2004年版，第184页。

表 1.1　1993—2005 年中国群体性事件统计①

年份	次数	年增长率	年份	次数	年增长率
1993	8700	—	2000	40000	25
1994	10000	15	2001	44800	12
1995	11000	10	2002	50400	12
1996	12000	9	2003	58000	15
1997	15000	25	2004	74000	28
1998	25000	67	2005	83600	13
1999	32000	28			

（二）民间纠纷的发展趋势

现阶段我国社会的民间纠纷大量地表现为人民内部的利益矛盾，物质利益差别是产生人民内部矛盾的根本原因。从矛盾演化的角度看，这类冲突和纠纷在未来还会有进一步增加的趋势。此外，在中国目前的发展阶段，由社会价值观念的差异导致的社会冲突，在社会中正大量出现且不断增加。

1. 社会整体存在较高风险

未来可能引发社会风险的矛盾源与社会环境依然存在。目前，因民生问题、利益问题、环境问题等引起的社会矛盾依然存在；全国信访总量仍高位运行，社会性突发事件没有减少的趋势；农村土地征用、城镇住房拆迁、国有企业改制、涉法涉诉等方面的问题仍然十分突出，引发极端事件的隐患较多。一些群众因工资待遇、医疗养老、股市受损、非法集资、环境污染等问题，频繁串联上访；一些偶发事件引起非直接利益冲突、造成社会性突发事件；一些干部作风不实，甚至以权谋私，造成干群关系紧张，群众有怨恨心理；网络信息的混乱更容易引起新的社会不稳。化解社会矛盾的任务依然艰巨、漫长。②

2. 基于物质利益产生的矛盾和纠纷会进一步增加

在现代社会和市场经济条件下，社会各个阶层理应是互惠互利的，社会的各

① 朱力：《走出社会矛盾冲突的漩涡：中国重大社会性突发事件及其管理》，社会科学文献出版社 2012 年版，第 33 页。

② 朱力：《走出社会矛盾冲突的漩涡：中国重大社会性突发事件及其管理》，社会科学文献出版社 2012 年版，第 46 页。

个群体的利益增进应当保持同步。但在中国现阶段，却出现了一种令人担忧的现象：人数最多的工人群体、农民群体同精英群体之间在利益增进方面出现了不协调。在精英群体利益迅速增进的同时，工人群体和农民群体利益增进幅度却是相对缓慢的，其中不少成员的利益没有增进。贫富不均、两极分化成为社会矛盾和冲突的最大来源。某些强势群体或集团，甚至运用越轨手段，在损害弱势群体利益的基础上获取利益。此外，有的地方政府存在为了政绩，片面追求 GDP，不顾长远利益，破坏生态环境，损害老百姓利益的情况。

在科学发展观与建设和谐社会的背景下，这些利益受损群体开始进行激烈的抵抗，要求对他们以往受损的利益进行补偿。而近几年，随着老百姓维权意识的增强，在遇到基层政府或者企业剥夺他们利益的情况下，他们不再是无奈地服从，而是为保护自身利益进行抗争，甚至不惜采用最激烈的手段。可以预见，在未来很长一段时期内，利益性冲突会继续保持增长态势。

3. 基于社会分层和观念分化产生的纠纷会进一步显化

改革开放后，中国社会结构开始变化，由建国初期的工、农、兵、学、商演化为现在的十大社会阶层，即国家与社会管理阶层、经理阶层、私营企业主阶层、专业技术人员阶层、办事人员阶层、个体工商户阶层、商业服务人员阶层、产业工人阶层、农业劳动者阶层和城市无业、失业和半失业阶层。

阶层分化导致社会财富和资源分配不公，这种不公甚至出现了代际传递现象。一项对全国37所不同层次高校（专科学校除外）1994级和1997级学生近7万人的调查显示，就接受高等教育的机会来说，来自城镇的学生比来自农村的学生的机会获得的整体差距为5.8倍，在全国重点院校中高达8.8倍。[①] 该研究还显示，农民子女、工人、党政干部、企业管理人员和专业技术人员子女进高等学校的机会分别是1：2.5：17.8：12.8：9.4，其中进入全国重点高校中的机会更是悬殊极大，分别是1：4：31.7：22.6：17.4。作为体力劳动者的工人和农民子女，与作为脑力劳动者的党政干部、企业管理人员和专业技术人员子女进入高校的机会差距也很大：在高校总体中为9.16倍，在全国重点院校中接近15倍，工农子女的合计份额不到45%。[②]

---

① 张玉林：《中国的职业阶层与高等教育机会》，《北京师范大学学报（社会科学版）》2005年第3期。

② 张玉林：《中国的职业阶层与高等教育机会》，《北京师范大学学报（社会科学版）》2005年第3期。

由于政治地位和社会地位的不平等，导致人们内心产生不公正感、不满意感、相对剥夺感，这种由于价值观念因素引发的社会矛盾也在大量出现并呈明显递增趋势。

4. 各类矛盾交织，冲突形式多样化，纠纷激烈程度提高

由物质利益根源产生的社会矛盾可称为物质性矛盾，而由价值根源产生的社会矛盾则可称为价值性矛盾。虽然物质性矛盾与价值性矛盾产生的根源不同，但二者往往又是交织在一起的。由各种物质利益分配中的不恰当、不协调、不公平产生的人民内部矛盾，既有物质利益根源，又包含着价值因素。物质利益的差异、得失或受损引起人们的不公平感、不满意感。近年来发生的一些大的群体性事件，往往是由于群众利益诉求长期得不到有效解决，在心里长期聚集着不满，于是采用激烈的对抗方式；而这种不公正感、不满意感反过来又会成为引发利益矛盾的中间环节或直接原因。这两种因素产生的矛盾交织在一起，其冲突形式和激烈程度往往大于由单纯的物质利益根源产生的人民内部矛盾，使矛盾解决起来更为棘手。

【本章小结】冲突和纠纷：社会矛盾的表症

一般而言，“冲突”与“纠纷”两个词在实际使用中不予以严格区分。冲突是指两个或两个以上主体之间基于某种竞争性诉求产生的从心理到行动的持续对峙过程。本质上，冲突是一种双边关系；也是一种从知觉到行为的过程；造成冲突的动因或目标可以是对立、不相容的，也可以是具有妥协性或合作可能的。民间纠纷是指公民、法人和其他社会组织之间因涉及民事权利义务争议、或因违反社会公德、或因轻微刑事违法行为而引发的纠纷。运用不同的标准，可以对民间纠纷进行不同的分类。以纠纷内容是否涉及国家法律为标准，可将民间纠纷分为违反社会公德的纠纷和违反法律的纠纷。以纠纷的起因是单方行为还是双方行为为标准，可将民间纠纷分为单方行为引起的纠纷和双方行为引起的纠纷。以纠纷涉及关系的历史渊源为标准，可以将民间纠纷分为传统型纠纷和现代型纠纷。对于不同类型的纠纷，调解的技巧和方法也各有侧重和不同。

当前的中国处于社会矛盾的高发期，社会整体存在较高风险。各种社会矛盾频繁发生，冲突和纠纷数量持续攀升；冲突和纠纷的主体向多元化、类型向多样化、性质向复杂化方向发展，群体性事件增多；冲突和纠纷涉及的社会关系复杂化，造成的破坏性后果更为严重，社会影响更为广泛。

从演化趋势来看，今后我国的社会冲突和民间纠纷还会增加且呈复杂化态势。物质性矛盾增加，价值性矛盾大量显现，且两种矛盾相互交织纠缠。经济上的被剥夺和观念上的被剥夺感相互强化，局面更复杂。

第二章　冲突与纠纷的社会心理学解释

社会心理学是第二次世界大战后兴起的一门社会科学，主要研究人的心理和社会现象之间的关系，探讨人的思想、情感和行为如何受到其他人的影响。社会心理学家通常思考的问题有：我们如何认识他人（社会认知）；我们如何与他人打交道（社会互动）以及文化、社会、团体如何作用于我们（社会影响）等方面的内容。

对社会冲突和人际纠纷的解释，社会心理学主要有三种取向：心理学的、社会学的和符号学的。①

一、心理学（个体）取向的解释

从个体心理的角度如何解释和看待冲突的产生和发展呢？从冲突被感知、归因到行为的过程来看，冲突可以被看做是一种基于归因的感知过程，而从冲突的后续发展与最终走向来看，有些冲突在产生破坏性后果后走向终止；而有些冲突却愈演愈烈，不断升级；有些冲突出现了长期的僵持局面，冲突双方不同的互动模式是决定着冲突是否升级的重要因素。

（一）冲突产生和发展的心理阶段

1. 基于归因的冲突感知过程模型

所谓归因，即归结行为的原因，指个体根据有关信息、线索对行为原因进行推测与判断的过程。归因是人类的一种普遍需要，每个人都有一套从其本身经验归纳出来的行为原因与其行为之间的联系的看法和观念，而这一套观念既会影响个体对自我、他人和环境的认知，也会影响个体接下来的情绪、态度和行为

---

① 普鲁特、金盛熙：《社会冲突：升级、僵局及解决》（第3版），王凡妹译，人民邮电出版社2013年版，序二。

决策。

我国学者张刚和曹评将归因理论应用于人际冲突行为，提出“冲突归因模型”。[①] 该模型认为，在冲突归因发生的“冲突感知”阶段，个体可以基于归因结果，采取相应的措施，有效避免冲突的发生或将冲突引向积极方向发展。具体过程为：

第一，冲突情境的感知：当个体意识到不同寻常的情境时，会自动进行感知，此时个体感知到的情境是与现实并非完全符合的，只是真实情境在人脑中呈现的影像，这个影像是经过个体的加工之后的，可能会发生一定程度的扭曲。例如企业整体运营不善，员工们会对此情境做出不同的感知结果，有的员工会认为销售额下滑是主要原因，因此“销售额下滑”就代表了“整体运营不善”；有的人会感知到某些管理问题，因此“管理问题”就代表了“整体运营不善”。事实上企业整体运营不善往往体现在很多方面，由于人们的有限理性，往往很难做出完全正确而且全面的判断。

第二，在冲突情境感知后，将产生两种不同结果：一是认为感知到的冲突情境不足以诱发冲突或者当事人认为感知到的冲突情境不值得关注，此时，关于冲突的感知过程就会结束。反之冲突的感知过程则会继续，也就是进入到下一个阶段——冲突归因阶段。

第三，冲突归因阶段。冲突归因是在冲突感知中，人们对感知到的冲突情境进行归因的心理活动。在这一环节，人们会针对感知到的冲突情境确定原因。通过归因活动得到的情境原因与情境的真实原因也是有差别的。由于各种归因偏差的普遍存在，以及不同个体归因风格的不同，人们往往无法经过简单的心理活动得出准确的因果分析，因此，即使冲突情境有多个诱发因素，通过冲突归因得出的诱发因素可能只是其中的某一个或某几个，有时甚至是完全错误的。

第四，在完成冲突归因后，人们会进一步思考情境本身，即“情境定义和责任界定”，如果说冲突情境感知是在人脑中自动完成的过程，那么此过程则是主动推理的过程。人们会将冲突情境看做是某些方面的冒犯，同时，根据冲突归因结果，人们会确定哪些人（或物）需要负责，这就是情境定义和责任界定。[②] 在此过程中，如果人们对所感知到的冲突情境漠不关心，冲突过程就会结束，反

① 张钢、曹评：《基于归因理论的冲突类型分析》，《管理评论》2010 年第 3 期。

② Felstiner, W. L. , R. L. Abel, and A. Sarat. The emergence and transformation of disputes: Naming, blaming, claiming. Law &Society Review. 1980. 15 (3 - 4) . p631 - 654.

之冲突过程则会继续；同时，如果人们将责任归于自己，冲突过程将结束，因为个体自身内部的冲突并不属于“成员间冲突”的范畴，反之冲突过程将继续。比如，有的人会把自己在事业或者生活上遭遇到的不幸或者失败归因于自己的无能，因此就会产生很强的自责感和自卑感；但有的人会把这些失败完全归罪于他人或者社会，又或者是命运，因此便总是牢骚满腹，怨天尤人，甚至对他人和社会充满愤怒。

第五，冲突感知结束后，冲突则会进入下一个环节，即冲突的行为，此时才会出现冲突的结果。

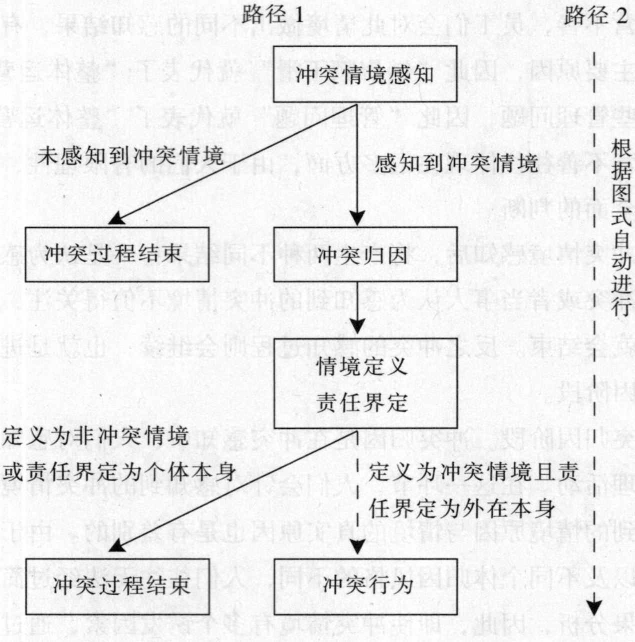

图 2.1 冲突感知过程

2. 冲突发展的整体阶段模型

美国行为科学家庞地（Louis R. Pondy）把冲突的产生和变化的历程划分为五个可以辨认的不同发展阶段：潜在的对立或不一致、认知和个性化、行为意向、行为和结果。借鉴其观点，冲突的形成过程可以被看做是循序渐进的五种不同冲突存在形态或五种不同性质的冲突升级、演变、反馈的闭环过程。①

① 马新建：《冲突管理：基本理念与思维方法的研究》，《大连理工大学学报（社会科学版）》2002年第3期。

首先，潜在冲突形态是指冲突的萌生阶段，又称为冲突的潜伏期。其主要表现为发生交互关系和互动过程的不同主体，彼此间存在和积累了能够引发冲突的一些前提条件，这些前提条件并非必然导致冲突，但是却聚集了冲突的根源，是冲突产生的必要条件。一旦这类冲突的前提条件积聚到一定程度或者说这些交互作用主体潜在的对立或不一致处理不当时，冲突的过程就会开始，互动主体之间潜在的冲突就会逐渐转化成显在的冲突。

其次，知觉冲突形态是指冲突的认知期，是冲突主体对冲突的条件和根源——潜在冲突的认识和感觉阶段。在这一阶段，客观存在的双方对立或不一致将为冲突主体的主观所意识到，于是产生了相应的知觉，开始推测辨别是否会有冲突，是什么类型的冲突，是什么性质的冲突等。冲突的主体也已体验到紧张或焦虑，从而使冲突问题与矛盾明朗化，潜在冲突向显在冲突发生变化。在冲突过程中，冲突的主体在此阶段会去进一步地认识和界定冲突，形成个性化的冲突认知和定性，极大地影响到后续的冲突行为意向和冲突的可能解决办法。

第三，意向冲突形态，又称为冲突的行为意向阶段。在此阶段，冲突主体主要是在自身的主观认知、情感与外显的行为之间，要做出究竟应采取何种行为的决策或特定行为意图取向的选择。也就是说，冲突主体在知觉冲突的基础上，依据自己对冲突的认识、定义和判断，开始酝酿和确定自己在处理冲突中的行为策略以及各种可能的冲突处理方式。当然，这一切多是站在特定立场，谋求有利于自身的冲突发展结局而展开的。显然，冲突主体的行为意向与冲突的实际行为并不是一回事，两者虽然关系密切，但由于主、客观多种因素的变化作用和影响，两者之间并不存在必然的因果关系。但是，冲突主体恰当或不恰当的行为意向选择往往会导致其做出正确或不正确的冲突行为，从而造成不同性质和作用的冲突结果。日常生活中，很多冲突的升级或恶化的基本原因之一，即在于冲突主体把彼此之间的问题进行了错误归因或错误地选择了对待对方的行为意向。

第四，行为冲突形态，又称为冲突的行为阶段或冲突的公开表现阶段。进入该状态后，不同的冲突主体在自己冲突行为意向和其他因素的导引影响下，正式做出一定的冲突行为来贯彻自己的意志，试图阻止或影响对方的目标实现。也就是说，冲突的主体在此阶段自觉或不自觉地采取了公开的冲突处理行为，从而使潜在的冲突演变成为明显可见的公开冲突。此时的冲突行为往往带有刺激性、对立性和互动性，包括了不同冲突主体的说明、争辩、活动和态度等，往往一方有所行为，对方就会作出反应行为，双方处于一种公开可见的相互作用与施加影响的动态过程，从而形成了人们通常最容易认识、感受和强调的冲突形态。

第五，结果冲突形态，又称冲突的结果影响阶段。在此阶段，冲突主体的行为导致了冲突的最后结局。冲突的结果一般表现两类：一是功能正常的建设性冲突，促进了群体或组织绩效的提高；二是功能失调的破坏性冲突，降低或破坏了群体或组织绩效的提高。冲突的最后结果又会间接或直接地影响到冲突的主体，并反馈形成新的冲突的前提条件，酿造新一轮“潜在冲突”。单就冲突双方的关系来看，冲突的后果可以归结为胜—胜、负—负和胜—负这三种形式，冲突主体在冲突结果中会有不同的损益，冲突主体在一场冲突结束后由于面对的结局不同，从而会出现不同的反应或后续行为，所以冲突的结果并不一定意味着冲突的终结，而是埋下了“伏笔”。

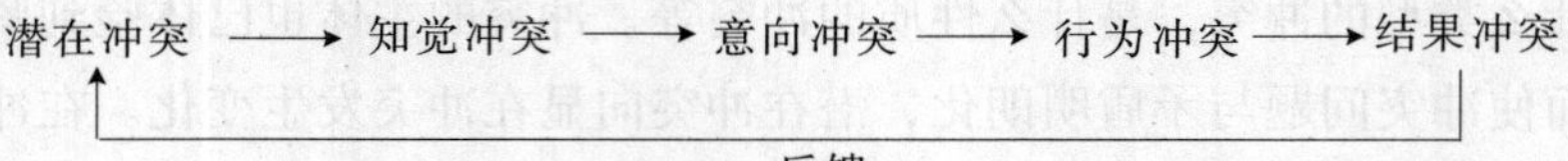

图 2.2 冲突的存在形态和演变过程

传统的冲突管理通常把研究对象圈定在行为冲突和结果冲突两种形态的研究与管理上，因此局限于冲突的事后管理。现代冲突管理理念认为，冲突管理研究对象应当包括上述五种存在形态的冲突问题和冲突演变规律，对冲突的问题要实行全过程、全系统、全要素的全面冲突管理。在此基础上，才能把较低层次的冲突事后管理提升到冲突的事前、事中和事后管理相统一的科学管理层面。

（二）冲突升级的解释模型

冲突升级（Escalation）可以指冲突的一方给另一方施加压力，采用比以前更为严重的战术。此外，升级也可以指冲突的强度在整体上有所增加。① 要理解冲突升级，我们必须知道，在冲突一方和另一方各自的内部以及双方之间发生了怎样的过程。西方代表性的升级模型有三种：争斗者—防御者模型、冲突螺旋模型、九阶段冲突升级模型。

1. 争斗者—防御者模型

争斗者—防御者模型（Contender - Defender Model）将冲突一方（争斗者）和另一方（防御者）区分开来。冲突一方带有改变现状的目标，因而将其放在与另一方相冲突的位置上。冲突一方的目标可能是从另一方那里得到某种东西，

① 普鲁特、金盛熙：《社会冲突：升级、僵局及解决》（第 3 版），王凡妹译，人民邮电出版社 2013 年版，第 108 – 109 页。

或者是以牺牲另一方为代价来改变现实或者是停止另一方的干扰行为。通常而言，冲突一方开始往往采用温和、略带争议的战术，若这样不起作用，转而使用更为严重的战术，战术不断升级，直到另一方做出让步或冲突升级的成本超出了所追求目标的价值。在这样一个冲突进程中，另一方表现被动，即使做出同样的升级反应，也是出于防御性的考虑。此模型普遍存在于人们的日常思维中。之所以如此，可能是因为它满足了人们想为冲突和纠纷找个人进行谴责的自然冲动。一方（争斗者）被视为挑头者让冲突变得更为激烈，而另一方（防御者）则被视为试图合法地反击攻击者令人无法容忍的行为。而实际上，双方都同样对冲突负有责任，这种情况下用冲突螺旋模型进行解释更合适。

2. 冲突螺旋模型

冲突螺旋模型（Conflict Spiral Model）认为冲突升级源于行为和回报的一种恶性循环。冲突一方容易引起争议的战术推动另一方做出类似的报复或者防御性反应，这种回应进一步唤起了冲突一方容易引起争议的行为，完成了一个循环，并且开始了下一轮重复。这是一种双向反应模型，因为双方都对另一方先前的行为做出回应。

在冲突螺旋中，双方的动机有一部分是出于报复，还有一部分是出于防御或威慑目的。这种螺旋一旦开始就难以停止，因为双方都认为，不报复对方就会被人看成是软弱的表现，会让对方变本加厉。因此，双方的战术由轻而重不断发展和升级。冲突螺旋导致冲突双方态度和行为的变化如下：

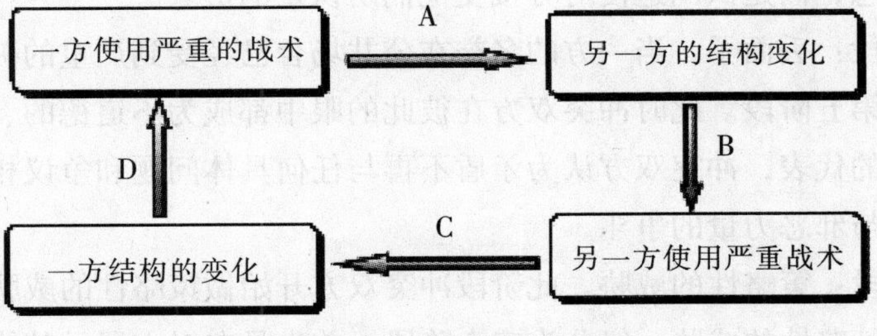

图 2.3 冲突螺旋的结构变化

3. 九阶段冲突升级模型

格拉斯尔（Friedrich Glasl）是目前欧洲极具盛名的冲突研究专家，他提出的九阶段冲突升级模型得到了学术界的广泛认同。他认为所谓的冲突就是个体、群体、组织等行动者之间，因其中一方的所思、所想、所愿不能与另一方取得一致而导致其中一方的利益受到损害。因此他以冲突双方为对象，并结合冲突发展的烈度和强度建立了冲突升级模型①：

第一阶段：立场固化。引发争议的双方因利益和意见不合，逐步形成相对立的两种不同立场并根据各自立场所代表的特定利益凝聚支持者，最终建立自己的阵营。而每一立场的支持者会对所面对的共同情境进行信息的分享和讨论，从而产生共同的信念和心理情绪。与此同时一个共同的、具有选择性的“信息过滤器”也会产生，此时有关对方反面的信息会迅速地通过过滤器传达进来，而有关对方正面的消息却不能顺利的传达。

第二阶段：辩论。当冲突双方不能通过和平的方式来解决争议时，冲突就会进入第二阶段。此时双方的界线会越加明显，并逐渐形成凝聚力稳定的团体。此时冲突双方辩论的重点不再是问题本身，而是通过各种“类似合理”的论点和社会公认的理念来责备和攻击对手，并试图使自己的立场合法化，从而凝聚更多的社会力量。

第三阶段：行动。当进一步的交流和对话已经不能达到双方所期望的结果时，冲突进一步发展。冲突双方开始采取行动，都试图通过单方面的行动而迫使对方屈服。此时，长远的发展和对方的观点及要求被忽视。

第四阶段：印象与联合。当双方开始对对方的社会名誉、态度、立场以及人际关系发动隐藏攻击时，争议迈入了第四阶段。冲突双方所采取的行动进一步发展，不再关注于具体的利益问题，而是精神上对输赢的追求，保护自己的名誉成为一个主要的问题。在第四阶段对方的负面形象不断的固化，冲突双方不接受对方的正面信息，而是试图迫使对方接受他们所认定的形象。

第五阶段：丢面子。当一方的名誉在公共场合已经受到严重的破坏时，冲突就会提升到第五阶段。此时冲突双方在彼此的眼中都成为不道德的、疯狂的、违法的、罪恶的代表，冲突双方认为矛盾不再与任何具体问题和争议相关，而是一场关于正义与邪恶力量的争斗。

第六阶段：策略性的威胁。此阶段冲突双方开始做策略性的威胁来迫使对方做出退让，策略性的威胁一般分为三个阶段，首先是向对方展示其能采取某些行动的能力；其次，将威胁具体化，以表现其不可能做出退让；最后，发出最终声明，迫使对方必须做出给定的选择。当冲突发展到这个阶段，事态的发展进程就不在双方的控制范围之内了。

第七阶段：有限的破坏性打击。此阶段冲突双方采取暴力的手段来惩罚对

① Friedrich Glasl. Konflikt management. Bern/Stuttgart/Wien1Paul Haupt Verlag. 2004.

方，这时一切暴力行为被合法化。

第八阶段：击碎敌人。此阶段始于其中一方以粉碎对方为目标而采取强度大的破坏性行为。这样的后果直接导致另一方以更为强大的破坏力和压力进行反抗。

第九阶段：一起坠入深渊。当冲突进入最后的这个阶段，冲突双方已经不存在谁输谁赢，不管是冲突的哪一方都会付出惨痛的代价。

格拉斯尔的九阶段冲突模型体现出了冲突如何发生量变和质变的过程，揭示了社会冲突内在的冲突升级逻辑。此模型完整演绎了冲突升级的所有可能阶段，但事实上，并不是所有的冲突都会完整地经历上述九个阶段，有些冲突甚至可能直接进入较高的冲突阶段。如果将这九个阶段理解为有着不同激烈程度的社会冲突的九种形态，我们或许可以观察到，绝大部分的社会冲突在前面几个阶段就不了了之，发展到互相毁灭的社会冲突少之又少。因为现实中的行动者会实际地权衡争议标的和冲突代价之间比例关系，也会受到权力、资源、能力等多种现实因素的制约。

二、社会学（群体）取向的解释

冲突不仅仅是心理学家们关注的对象，同时也是社会学的重要研究范畴之一，有众多的流派，也形成了较为完整的理论体系。古典时期的代表人物有德国社会学家格奥尔格·齐美尔（Georg Simmel），现代时期的代表有美国社会学家科塞（Lewis Alfred Coser）、德国的达伦多夫（Ralf G. Dahrendorf）等，当代的代表是美国学者科林斯（Randau Collins）。按照社会冲突的特征、来源、形式、过程、作用等，可以对冲突理论作一简要梳理。

（一）冲突的特征

1. 冲突普遍性与必然性

德国社会学家齐美尔认为冲突是社会交往的基本形式之一。把社会视为一个包含着协调和冲突、吸引和排斥、爱和恨的统一体。完全协调的社会群体是不存在的，即使存在，它也不会有生命力，不可能变革和发展。齐美尔认为，每一种社会关系都由两类人参与：促成统一的人和反对统一的人。人们的矛盾与冲突先于社会的统一，而且在统一体生存的每时每刻都发挥作用。可以说，任何社会统一体都包含了两种发展方向：相一致的方向与相分歧的方向。一个在一般情况下是向心的与和谐的统一体，仅仅是“联合”，它在经验上不仅是不真实的，而且它也不会显示任何真正固有的生命过程。[①] 人们都有一种冲突的本能，他们不仅愿意而且常常渴望进行冲突，尽管引发冲突的原因或事件是“一些令人难以置信的小事、甚至鸡毛蒜皮的小事”。齐美尔列举了几个典型事例。例如，关于一头母牛的颜色问题，爱尔兰两党“都怒气冲冲”，由此“武斗席卷全国”。在印度，曾爆发过一次危险的起义，原因是两派的斗争，而两派除了知道他们各自为“左”翼和“右”翼之外，相互之间根本互不知晓。同样在印度，穆罕默德信徒和印度教信徒常常为“法衣”应该左开襟或是右开襟而处于“潜在的敌对之中”。[②]

总之，社会冲突普遍存在。诚如科塞所言：“齐美尔从来没有设想过会有一个没有摩擦的社会。从来没有设想过能够禁止个人之间和群体之间的冲突和斗争。在他看来，冲突是社会生活的精髓，是社会生活不可缺少的组成部分。一个健全的社会并非没有冲突。相反，社会各组成部分之间充满了纵横交错的冲突。”[③]

2. 冲突的强度和烈度

根据达伦多夫的分析，社会冲突的程度表现为两个方面。一是强度，指冲突各方（主要指成员）对冲突的投入程度、付出的代价、冲突的大小等；二是烈度，指冲突各方为追求利益所使用的手段。[④]

影响冲突强度的因素有三点。其一，社会成员在社会组织中的身份重叠程度越高，冲突的强度越大；反之，冲突强度越小。其二，权威关系与其他报酬分配的相关程度（如以权谋私）与冲突的强度成正比。其三，社会流动程度（主要指上下流动）与冲突的强度成反比。

影响冲突烈度的因素有两点。其一，社会经济的剥夺程度。剥夺分为绝对剥夺与相对剥夺。当被统治的成员同时处于社会的最底层，此时他们的绝对剥夺感很强，发生暴力冲突可能性较大。但是，当被统治的成员社会经济地位比上不足、比下有余时，发生暴力冲突可能性降低。其二，冲突的控制方式。这主要指显群体形成的政治条件，即统治群体不允许对抗群体的存在或者不允许对抗性行

① 齐美尔：《社会学：关于社会化形式的研究》，林荣远译，华夏出版社 2002 年版，第 179 页。

② 齐美尔：《社会学：关于社会化形式的研究》，林荣远译，华夏出版社 2002 年版，第 188 页。

③ 科塞：《社会学思想名家》，石人译，中国社会科学出版社 1990 年版，第 204 页。

④ Dahrendorf，R. 1957. Class and Class conflict in Industrial Society. London：Routedge and Kegan Paul. p211－218.

为的存在，从而将冲突暂时压制。但冲突不可能被彻底消除，一旦爆发则往往采取暴力方式。

（二）冲突的来源

1. 敌对情绪不必然导致冲突

美国社会学家科塞是功能冲突论的代表。他区分了冲突与敌对情绪的关系。他认为冲突总是发生在两人或多人的互动中，是一种行动，虽然冲突中包含着一种敌对情绪，但这种情绪只是构成冲突的必要条件，而不是充分条件，敌对情绪只有通过行动宣泄出来才能构成冲突。而敌对情绪是否引起冲突行为，取决于以下两点：一是社会的权力分配是否平等；二是社会成员对权力不平等分配的认识。一个资源、价值、利益等分配不平等的社会，很容易引发敌对情绪和冲突行为。但是，社会不平等还有一个是否被其成员接受、认同的问题。

2. 社会冲突的源动力：权威结构

德国社会学家达伦多夫是现代冲突理论的主要代表人物。他认为社会具有辩证的两面性：一方面表现为静态的均衡性，另一方面又呈现出动态的冲突性。社会系统具有整合功能，但其各子系统又无时不处于相互冲突之中。社会成员的价值共识则往往建立在对一部分社会成员的价值观念的压制基础之上。马克思将社会冲突的根源归结于生产资料所有制，韦伯认为是权力、财富、声望三个方面的不平等，达伦多夫则认为冲突源于特定的社会结构，即社会权威结构。

在社会中，基于权力和权威，人们分化为行使权力、拥有权威的人群以及服从权力、丧失权威的人群。这种分化存在于各种社会组织或团体之中，拥有权威的人群处于统治地位，可以发布命令；失去权威的人群处于被支配地位，只能服从上级命令，且违反权威命令将受到惩罚。达伦多夫将上述统治地位与服从地位的结合称为权威结构，而“强制协作的联合体”（Imperatively Coordinated Association，ICAs）则指一切具有权威结构的社会成员的结合形式，如企业组织、政党、政府以及工会、教会等各种非官方的社会组织。在这些组织中人们的结合并非基于组织成员的“共同意志”，而是基于“权威—服从”的压制性力量。掌握稀缺资源的统治者或管理者必然利用自身权威，迫使其他的被统治者或被管理者服从或遵从自己的意愿。而被统治者或被管理者自然不甘心因无权而长期处于被压服状态，他们会要求重新分配权力或权威。统治者与被统治者、管理者与被管理者对权力和稀缺资源的争夺，构建了社会冲突的一般动力机制。

3. 冲突的人性基础

美国社会学家科林斯是冲突社会学流派的第三代代表性人物。他从人性的角度探讨了冲突的来源。他认为人类是一种“既有合群性又有冲突倾向的动物”。暴力强制后面始终隐藏着一种潜在的力量，暴力强制总是以一方得益，另一方受损为结局。这虽然并不意味着存在着一种固有的驱使人们取得支配地位的欲望，但人的本性是不愿臣服于人、不愿受制于人，被强制在本质上是一种不愉快的体验。因此他认为，任何形式的强制都会使被统治者产生对抗性的冲突。①

（三）冲突的形式

1. 作为手段的冲突与作为目的的冲突

齐美尔认为，在现实生活中，斗争与冲突以各种各样的形式存在。如果冲突可以找到一种可替代的手段并最终化解，那么这种冲突在原则上就有这样一种性质，即可以通过其他的方式或事件得到满足，而不一定要通过斗争解决问题。这类冲突只是人们达到一定目的的手段，因此，这是一种作为手段的冲突。②

相反，作为目的的冲突则完全是由主观感情决定的。这种冲突“存在着内在的能量，而这些能量又只能通过斗争本身才能够得到满足……不可能通过其他的手段来代替它，它本身就是目的和内容”。齐美尔认为，这种冲突具体的表现形式是“为斗争而斗争”，冲突来源于“敌意的本能冲动”。③ 这类冲突具有强烈的感情色彩，理性成分较少。一般而言，这种冲突不是由竞争性的目标所产生的，而是由冲突的主体发泄紧张情绪所致。

2. 现实性冲突和非现实性冲突

科塞区分了两种类型的冲突形式：现实性冲突和非现实性冲突。前者指那些为追求没有得到的目标的冲突；后者是指基于其中一方释放紧张状态的需要而引发的冲突。两者的区别有以下两点：

一是取向不同。在现实性冲突中，冲突方寻求特定的目标，冲突行动本身不是目的，而是达到目的的手段。在非现实性冲突中，至少冲突一方没有特定的目标和利益要求，在冲突中追求情绪的释放，它所选择的冲突对象具有偶然性、多

① Collins, R. Conflict Sociology: Toward an Explanatory Science, New York: Academic Press. 1975. p58 - 59.

② 齐美尔：《社会学：关于社会化形式的研究》，林荣远译，华夏出版社 2002 年版，第 186 页。

③ 齐美尔：《社会学：关于社会化形式的研究》，林荣远译．华夏出版社 2002 年版，第 186 页。

变性。二是发展趋势不同。在现实性冲突中，冲突方达到或部分达到特定目标和利益要求，冲突就会停止；在非现实性冲突中，情绪一旦宣泄具有不确定性。

（四）冲突的发生机制

1. 社会冲突的形成过程

达伦多夫探讨了冲突的发生机制。他认为，统治群体和被统治群体站在不同甚至对立的立场，因此天然就具有不同的利益诉求，前者希望维持现状，后者则要求重新分配权力与权威。但是，两种群体对各自利益的认识有程度上的区分。如果没有明确认识到自身的利益所在，且组织化程度很低，即为准群体；如果明确认识到利益所在，同时也往往伴随着组织化程度提高，即为显群体，如党派、工会。那么，准群体如何转化为显群体？需要具备以下四个条件：

其一，技术条件，包括领导者、运动纲领或章程，尤其是要包括共同目标、基本的物质条件等；其二，政治条件，统治者给予一定的政治自由，特别是从法律上允许不同的、对立的群体的存在；其三，社会条件，准群体的成员有互动沟通的机会以及招募成员的机会；其四，社会心理条件，即准群体成员对自身利益的自觉意识，准群体成员只有能够意识到自身的利益，才能形成冲突性的利益群体。当上述条件满足，利益的准群体转化为利益的显群体，社会冲突形成。

2. 社会冲突的综合条件

根据科林斯的综合冲突理论，冲突过程中需要人们投入几种资源：第一，物质的、技术的资源，包括财产、学问、工具和武器等；第二，力量和外观的吸引力在人际关系中发挥的作用；第三，少数人和类型，个人由于同这一类人接触并产生联系，便有了协商物质商品和地位的可能性；第四，人们制造和保持关于事物是怎样以及应该是怎样的共同观点的能力。①

（五）冲突的作用或功能

齐美尔和科塞都深入分析了冲突的社会作用，他们共同的特点是不只看到冲突的破坏作用和消极功能，也看到了冲突的建设作用和积极功能。尤其是科塞的功能冲突论，极大地发展了冲突理论，丰富了人们对冲突的认识。

1. 明确群体界限，维护群体团结

首先，冲突有助于社会群体边界线的建立和维持。齐美尔认为，当群体与外

① Collins, R. Conflict Sociology: Toward an Explanatory Science, New York: Academic Press. 1975.

部成员发生冲突时，群体内部必然会凝聚在一起，保护内群体的利益、生存与发展，自觉维护乃至捍卫本群体的规范与价值系统，最终建立和维持社会群体的分界线。可见，对抗与冲突对社会群体具有“十分积极和一体化的作用”。因此，敌意与冲突明确界定了各个阶级、阶层之间的相互地位，最终使一定的社会群体的边界线得以建立和维持。

其次，冲突有助于增强群体内部团结和群体整合。科塞把冲突分为内群体的冲突和与外群体的冲突。内群体的冲突是指群体成员对内部出现的变节者的异己思想和叛变行为进行的斗争。这种斗争不仅不会削弱群体的力量，相反，对仍留下的群体成员来说，对于变节者带来的危险的认识使他们抱成一团，可以提高他们对处于危险中的问题的认识，并提高参与程度，使群体自我保护的能力集中起来，使群体成员之间更紧密地联系在一起，并促进群体的整合。在与其他群体的冲突中，成员意识到他们的共同利益，把外部威胁视为对“我们”的威胁，采取积极行动捍卫群体利益和群体目标。

第三，冲突对新群体的形成具有促进功能。冲突通过加强群体意识和分离感在社会系统的各群体间建立起边界线，由此使系统内的群体身份得以确立。如科塞所言：“我们，我们群体，或内群体与其他人，或其他群体，外群体之间的区别，只有在冲突中或通过冲突才能形成。”①

2. 缓解社会矛盾，发挥“社会安全阀”的作用

一些人认为社会矛盾与冲突具有破坏性、分裂性，导致社会功能的失调。齐美尔则认为冲突有利于持不同观点的人的敌对情绪的宣泄与表达，从而减缓社会内在的压力与紧张。与此相反，如果社会系统内部缺乏矛盾与冲突的表达机制，其结果只会造成敌对情绪的积累，最终导致社会的断裂与解体。犹如生物体通过自我调节重返健康一样，社会系统能够通过自身的“安全阀”机制化解不可避免的矛盾与冲突，最终恢复和谐的状态。像科塞说的那样“冲突是所有社会关系的一个组成部分，它具有积极的功能，因为它导致团结的重建和群体的平衡”。②

“安全阀制度”是科塞提出的概念。他认为，弹性比较大、比较灵活的社会结构容易出现冲突，但对社会没有根本性的破坏作用，因为这种冲突可以导致群体与群体间接触面的扩大，也可以导致决策过程中集中与民主的结合及社会控制

① 科塞：《社会冲突的功能》，孙立平等译，华夏出版社 1989 年版，第 60 页。

② 科塞：《社会冲突的功能》，孙立平等译，华夏出版社 1989 年版，第 60 页。

的增强，它对社会的整合和稳定起着积极的作用。相反，僵硬的社会结构采取压制手段，不允许或压抑冲突，冲突一旦积累、爆发，其程度势必会更加严重，将对社会结构产生破坏作用。为此，科塞提出，要建立完善的社会安全阀制度，这种制度一方面可以发泄积累的敌对情绪，另一方面可以使统治者得到社会信息，体察民情，避免灾难性冲突的爆发，破坏整个社会结构。

3. 维持社会整体，提高社会整合度

齐美尔认为，伴随现代社会的日益开放和异质性的增强，人们在财富、权力、利益、资源和价值等方面也出现更大的分化。个人之间、群体之间的交往和互动日益频繁且变得复杂。冲突使双方都意识到必须建立一定的规范来调节他们的利益关系，由此，新的社会规范得以产生。人们通过冲突得以结合，同时又接受调节他们利益与关系的规范。社会规范的确立是现代社会的重要特征，对社会秩序的稳定、社会目标的实现产生了重大影响。社会规范不仅维护社会整体，“缝合”了社会系统的各个部分，避免了因社会剧烈震荡而出现的解体，而且保障社会内在的协调与一致，促进了社会的一体化，最终达到有效的社会整合。① 特纳（Jonathan H. Turner）明确指出：“和马克思一样，齐美尔研究复杂的分化社会中的冲突，但和马克思不同的是，齐美尔看到冲突可能是一种潜在的整合力量，特别当冲突发生较频繁且强度较低的时候……冲突是不可避免的。但如果能够降低冲突的紧张程度并且使其受到政府和法律的规范，它就有助于维持社会而不是撕裂社会。”②

科塞也认为冲突对于社会具有稳定的功能。他认为，一个富有弹性、允许社会冲突存在并将其制度化的社会结构，会将冲突（对立、分歧和敌意等情绪）分布到社会结构的各个方面，这种冲突会对社会结构产生积极的作用，即促进社会的整合和社会结构的完善。一种关系内部没有冲突不能成为其基础稳固的标志，表面的和谐显然不能表示他们之间关系的稳固。如果关系双方认识到关系是牢固的，这种关系内产生的敌对情绪就可能表达出来，经常的冲突也会不断，因为如果他们有把握的话，意识到这无害于彼此的关系，他们就会自由地表达自己的感情和行为。同时，密切关系中强烈的冲突是敌意积累的结果。如果紧密关系中每一种冲突机会都导致直接的爆发而不是压抑敌对情绪，那就不会出现敌意的积累，也就不会突然爆发强烈的冲突。可见，经常的冲突不但不是关系的危害因

① 苑国华：《齐美尔的社会冲突思想新论》，《大庆师范学院学报》2011 年第 4 期。

② 特纳等：《社会学理论的兴起》，侯均生等译，天津人民出版社 2001 年版，第 268 页。

素，相反，恰恰是关系稳定的标志。从整合的角度看，冲突对新规范和制度的建立具有激发功能，在一定的社会规范下进行并重塑这种规范。冲突还是社会中重要的平衡机制：冲突为双方力量的展示和相互估价提供了一个良好的平台，双方互相确认自己的位置并维持这种位置的动态平衡，通过对立情绪的宣泄，进一步维护已经形成的交往关系。

三、符号学（文化）取向的解释

社会心理学的符号学取向，倾向于从文化和地方性知识的角度来理解社会冲突和民间纠纷。他们认为，文化背景或社会环境不同，人们对社会事物的认识不同，互动过程中对符号意义的理解也会出现差异，这是造成冲突的社会心理根源。

从广义上，可以将文化定义为一系列意义、价值和信仰的体系，这些体系不仅为各个国家、族群或其他群体所共享，具有稳定性，而且还能体现这些的特征。文化是人们态度、行为、自我建构以及策略选择的重要决定因素。每个社会都有其独特的文化，总体上，可以从个人主义和集体主义两种类型来讨论全球各地的文化差异。[①] 在个人主义文化中，成员往往将自身看成是相互独立的个体，认为个人的目标和利益应该凌驾于群体之上。以美国和加拿大为代表的北美文化属于个人主义文化，他们非常重视诸如独立、个人成就、权利、自由和公正这样的价值。在集体主义文化中，成员往往认为自己与其他成员相互依存，而集体的目标和利益应该优先于个人的目标和利益。以中国、日本、韩国为代表的东亚文化属于集体主义文化，这种文化非常重视诸如相互依存性、全体福祉、群体和谐以及平等这样的价值。

不同的文化价值会使人们以不同的方式去看待和解释他人。一个亚洲人，寡言少语，在公共场合从不对他人意见表示异议，从来不公开和他人发生冲突，如果是在个人主义主导的文化中长大的美国人，会认为这个亚洲人“没有骨气”，而在集体主义主导的文化中长大的东方人，则会认为这个亚洲人“低调”“稳重”。当子女直接反对家长的意见时，西方人认为体现了家庭成员间的平等，东方人则会认为这个孩子粗鲁，不会考虑他人的感受。

---

① 普鲁特、金盛熙：《社会冲突：升级、僵局及解决》（第3版），王凡妹译，人民邮电出版社2013年版，第68－76页。

（一）冲突中的文化效应

在个人主义文化类型里，人们往往愿意直接面对而不是回避冲突。他们通常一开始就采取争斗的战术来处理冲突，果断而自信地阐述自身立场的优势所在，同时质疑另一方的主张。如果这种方式行不通，他们就可能会转向双方联合的问题解决策略，直接索取与对方利益有关的信息，并提出可能为双方共同接受的新办法。有美国学者指出："刚到美国的日本人通常会惊讶地发现，人们之间的友谊居然能在意见有重大冲突时展现出巨大的韧劲。朋友可以针锋相对，因见解相反而激烈的争论，并且彼此之间的关系还不会因此受到损害。"①

在更少个人主义、更多集体主义的社会里，人们往往会避免面对面的冲突，很反感直接的对抗，尤其是那些容易引起争斗的行为。在这样的社会里，人们会考虑给对方颜面，倾向于通过间接和隐蔽的方式，避免使用公开的或共同参与的方式来解决问题。比如，他们会通过中间人或地位较高的第三方来做工作。研究发现，发生冲突时，与加拿大经理相比，中国经理更可能找上司商量。与同事发生冲突时，中国人喜欢上司来解决，美国人更愿意直接和对方一起解决问题。

两种类型的文化里，除了行为举止和解决问题的方式不同，表达和交流的方式也有不同。个人主义文化里，人们倾向于直接、公开的交流方式，人们认为说的是什么就是什么意思，重视沟通的清晰性，不认为沉默是件好事。集体主义文化里，人们倾向于模糊、间接的交流方式，注重情绪表达、声音高低等谈话的方式而非内容，重视话语中暗藏的含义，并且相信"沉默是金"。电影《喜福会》有个镜头，一位年轻的华裔女子邀请她的美国男友到家里见她的家人。当各种美味的中国菜肴端上餐桌后，女孩的母亲小心翼翼端出最后一道她的拿手菜，谦虚地说："这道菜盐放少了，寡淡无味，简直难以入口！不过，还是请随便尝尝吧。"其实，所有家人都对这道菜充满期待，只有这位美国男友例外。他尝了尝这道菜后说："这道菜只要再加点酱油就可以了！"于是倒了些酱油在菜里，破坏了这道美味。从那些中国家庭成员的脸上，可以看到震惊的表情。实际上，当母亲说这道菜难以入口时，她的真实意思是，这是她最拿手的菜肴，期待是极大的赞美而不是批评。美国男友只明白了她话语陈述中的表面意思。

---

① Barnlund, D. C. Communicative styles of Japanese and Americans: Images and realities. Belmont, CA: Wadsworth. 1989. p157.

表 2.1　两种文化类型中冲突的特点①

重要问题	个人主义文化	集体主义文化
为什么？	分析型的线形逻辑 指向实用性 冲突双方的对立	综合型的螺旋形逻辑 指向自我表达 冲突双方的融合
什么时候？	以个体为中心 集体对个人的要求低 破坏个人利益可引发冲突	以集体为中心 集体对个人要求高 破坏集体利益可能引发冲突
什么事情？	公开情况 直接对抗的态度	掩饰情况 间接回避的态度
怎么做？	以行动和解决方案为中心 奉行直接交流的原则 线形逻辑思维风格 依赖事实、理智的说话方式 公开、直接的策略	以保住面子和人际关系为中心 奉行含蓄交流的原则 点形逻辑思维风格 依赖直觉和情感的说话方式 模糊、间接的策略

（二）中国文化心理与社会冲突

1. 传统文化中的人际关系

学者翟学伟认为，传统的中国人际关系的基本模式是由人伦、人情、人缘构成的三位一体，彼此包含又有各自的功能。一般来说，人情是核心，表现了传统中国人以亲亲（家）为基本的心理和行为样式。人伦是这一基本样式的制度化，为这一样式提供原则和规范；人缘是对这一样式的解释，为人际行为提供为什么的答案。② 下表是对中国和西方人际关系的基本比较。

表 2.2　中西人际关系模式比较③

	中国（传统）	西方
前提	心相同 心相通	心相异 心相隔

① W·古迪昆斯特、S·J－图米：《文化与人际交流》，Beverly Hills，CA：Sage，1988. p158

② 翟学伟：《人情、面子与权力的再生产》，北京大学出版社 2005 年版，第 84－91 页。

③ 翟学伟：《人情、面子与权力的再生产》，北京大学出版社 2005 年版，第 91 页。

	中国（传统）	西方
方法	以情感（体验）	以理论（实证）
背景	天命观 家族主义 等级伦常	宗教观 个人主义 正义平等
特征	命中注定（缘） 人情法则（情） 人伦秩序（伦）	上帝赋予（神） 人际定律（理） 社会契约（法）
表现形式	血缘亲情　长久稳定 报答于施　相互依赖 他人取向　等差格局 乐天知命　安分守己	权利义务　短暂波动 施报相等　自我独立 自我取向　团体格局 积极进取　无拘无束

总体来说，传统中国文化中的人际关系，呈现出以下特点：

第一，重人伦，轻契约。著名学者梁漱溟将中国社会关系的特点归纳为“伦理本位”，这与西方重视契约关系的特点形成鲜明对照。伦是传统的社会结构里最基本的概念，是人际交往网络中的纲纪，指有差等的次序。《礼记》里讲的十伦，鬼神、君臣、父子、贵贱、亲疏、爵赏、夫妇、政事、长幼、上下，都是强调分别、差等。“不失其伦”是在别父子、远近、亲疏。社会学家费孝通提出的“差序格局”概括了这种等级有别的人际关系。中国人的社会关系是以“己”为中心，像石子一般投入水中，波纹一圈圈推出去，愈推愈远，也愈推愈薄。孔子强调“推己及人”，由己到家，由家到国，由国到天下，一圈一圈推出去。西方社会的人际关系则是由若干独立的个体组成团体，像在田里捆柴，几根稻草束成一把，几把束成一扎，几扎束成一捆，几捆束成一挑，构成一种团体格局。这种人际格局注重个人的权利和义务，注重相互之间的契约关系，讲究法律面前一视同仁、一律平等。①

第二，重礼治，轻法治。人际交往有着一定规则，礼治就是对传统规则的服从。个人对这些规则从小就熟习、不问理由而认为是当然的。长期的教育已把外在的规则化成了内在的习惯。维持礼俗的力量不在于身外的权力，而是在于身内的良心。所以这种秩序注重修身，注重克己。理想的礼治是每个人都自动的守规

① 费孝通：《乡土中国·生育制度》，北京大学出版社 2012 年版，第 27 – 28 页。

矩，不必有外在的监督。在乡土社会的礼治秩序中做人，如果不知道“礼”，就成了撒野，让人怀疑其道德、人品有问题。知礼是每个人的责任，社会也有责任要使每个人知礼。“子不教，父之过”，儿子做了坏事情，父亲得受刑罚。甚至教师也难辞其咎，如果教师教得认真，子弟不会有坏的行为。一个负责地方秩序的父母官，维持礼治秩序的理想手段是教化，而不是诉诸法律。如果有非要打官司的不可，那必然是因为有人破坏了传统的规矩。[①]

第三，讲人情，重面子。在传统社会中，因为交通、传媒和社区的居住格局，都使得传统社会中的居民之间具有高度的熟悉感，形成“熟人社会”。人们之间的社会关系具有长期性、连续性，重视血缘、人情和面子，交往过程中表现出浓厚的人情味。正如梁漱溟所说：“中国人的生活，既一向倚重于家庭亲族之间，到最近方始于转趋于超大家庭的大集团，‘因亲及亲，因友及友’，其路仍熟，所以遇事总喜欢托人情。”[②] 人情关系在其日常生活中具有重要的价值，如果做事不顾及人情，就会被人们认为不会做人。这要求人们在做事的时候要按照社会的习俗、惯例以及对于面子等的理解来行事，而整个社会的舆论也以这些为标准，对人们的行为构成有力的约束。

第四，和为贵，贱讼。“贵和持中、贵和尚中”是儒家文化所秉持的理念，中国的传统文化将和谐作为个人、家庭和社会共同追求的目标。因此，遇到人际间的冲突与纠纷，也希望能够调解和退让而使“大事化小，小事化无”。中国人认为诉讼是不吉利的，应该适可而止，健讼者必凶。例如：“讼，终凶”“讼不可妄兴”“讼不可长”（《周易·讼卦》）。中国人厌讼、贱讼，以至于讼师一类的职业，在古代中国没有生存的土壤，为国人所鄙视。春秋时期的“邓析事件”是中国最早的贱讼证据之一。邓析是中国最早的律师，因教人诉讼并收取代理费，被批评为：“不法先王，不事礼义，而好治怪说……持之有故，言之成理，足以欺愚惑众”（《荀子·非十二子》），最终被视为小人而被当权者杀害。直至清末，恶讼、贱讼的社会心理仍然普遍存在。费孝通认为，在乡土社会里，“讼师”让人想到“挑拨是非”。打官司被看成是一种可羞之事，说明不懂规矩，教养不够。在发生纠纷时，儒家不主张诉诸法律，而主张利用伦理道德等观念来调解协调。乡村社会里调解被称为“评理”，主持这项工作的往往是地位高、有威

① 费孝通：《乡土中国·生育制度》，北京大学出版社 2012 年版，第 55 – 56 页。

② 梁漱溟：《中国文化要义》，上海人民出版社 2005 年版，第 63 页。

望的长者或领导。①

2. 中国诉讼的社会心理嬗变

从20世纪90年代市场经济加快发展之后，人们越来越重视经济利益的算计，行为的价值主要参照是否能够获得更多的经济利益。伴随这些变化，传统的自我认同观念发生转变，孕育出一定的个体认同意识和权利意识。对待事物和纠纷的态度趋向理性化，放下面子观念，不再认为打官司丢人；倾向于为个人权利去努力争取，不再回避诉讼。这种功利化取向影响到了人际关系，也影响到了社会的公共生活。社区的共同情感很难再出现，导致社区认同感减弱，公共规范功能削弱。此外，现代市场经济是法制经济、权利经济，国家强调并保护个人权利。国家出台大量法律法规；法官的主要目的也不再是用道德和伦理教化他人；刑罚的用意已经不复"以儆效尤"，而是在保护个人的权利和社会的安全。一个变动中的社会，环境变了，所有的规则相应跟着变动。随之而来的是民间纠纷解决运行的选择更加复杂而多元。

【本章小结】人际冲突：同一过程，多维视角

社会心理学对人际冲突的研究，主要有三个维度：心理学、社会学和符号学。

心理学的解释侧重个体心理和行为。冲突归因模型发现，在冲突感知阶段，个体可以采取相应的措施，基于归因结果，可能有效避免冲突的发生或将冲突引向积极方向；冲突发展的整体阶段模型将冲突划分为潜在冲突、知觉冲突、意向冲突、行为冲突和结果冲突五个阶段，这是五种不同性质的冲突升级、演变、反馈的闭环过程。有些冲突出现恶化，愈演愈烈并不断升级，争斗者—防御者、冲突螺旋、格拉斯尔九阶段模型分别从冲突双方的关系、冲突过程的循环、冲突的心理变化过程解释了冲突升级的原因。

社会学层面的解释侧重社会结构和过程。从外在特征看，社会冲突的存在具有普遍性，强度和烈度是测量冲突程度的尺子；从冲突的来源看，科塞认为敌对情绪不必然导致冲突，达伦多夫认为冲突源于社会的权威结构，科林斯则认为冲突源于人性；从冲突的形式看，齐美尔提出作为手段的冲突与作为目的的冲突，科塞区分了现实性冲突和非现实性冲突；从冲突的发生过程看，达伦多夫指出利

① 费孝通：《乡土中国·生育制度》，北京大学出版社2012年版，第54页。

益的准群体在满足一定的社会和心理条件时转化为利益的显群体，从而形成社会冲突，科林斯认为冲突过程中人们需要投入更多的资源；从冲突的作用或功能看，冲突有助于增强群体内部团聚和群体整合，有利于缓解社会矛盾，提高社会的整合度。

符号学层面的解释侧重民族心理和文化心理。个体主义类型的文化倾向于直面冲突，集体主义文化则避免直接的冲突和对抗。在传统的中国社会中，人们重视血缘、人情和面子，重视伦理、道德、习俗、惯例及社会舆论对人们行为的约束；以和为贵的传统强调“贱讼”“无讼”，习惯权威或长老出面化解纠纷。随着市场经济的发展和社会流动的增强，功利性思维逐步主导社会心态，传统观念的约束力减弱，传统调解方式面临挑战。

第三章　构建积极的沟通模式

一、提供有利于沟通的场所

调解者如果想将双方当事人引向冲突解决的方向，首先需要为双方当事人提供一个有利于理性沟通的场所。这个场所要让当事人感受到是中立的、安全的，因此愿意表达想法和愿望。而在适当的时机去控制沟通场所的私密性或开放性则会有利于调解者获取更多的有效信息、促使协议的达成。

（一）双方面谈时保证沟通场所的中立性

将双方面对面的谈判放在中立的场所，而不是任何一方的主场——这种安排往往是比较有利于调解开展的（单方会谈时不见得如此）。这样能够避免任何一方利用自己的主场获得战术优势，也能避免双方对调解的公正性产生怀疑。已有的研究结果也显示：在争议一方领地内进行的国际调解，比在中立场所进行的调解成功率更低。[①②] 但是，当事人双方如果力量差异悬殊，一方比另一方弱小很多，那么为了调解工作更够取得成效，也可以将讨论地点安排在力量较弱一方的主场，从而抵消双方力量的不均衡。

（二）调解初期保证沟通场所的私密性

私密性是封闭场所的特点，这种场所能限制外部观察者接近讨论现场。私密性的沟通场所能够给双方当事人提供保护。冲突双方早期所有的讨论都要在封闭

---

① Bercovitch, J. Putting mediation in context. In J. Bercovitch (Ed.), Studies in international mediation: Essays in honor of Jeffrey Z. Rubin. London &New York: Palgrave/ Macmilan. 2002.

② Bercovitch, J. Theory and practice of international mediation. Unpublished manuscript. 2002.

式场所进行。[①] 这部分是因为开放的地点容易招致外部人员的干扰，并会促使双方更加强硬。如果谈判时有旁观者（包括媒体），争议双方就可能会大幅度夸大他们原本想要呈现给对方的强者或弱者形象。因此，如果条件尚未成熟就选用开放场所，很容易促使双方变得强硬而倔强，斤斤计较，讨价还价，更难达成协议。封闭场所还能促使双方非正式的人际交往，这样做有利于在冲突一方心中树立对方的积极形象，并促使双方联合解决问题。[②]

（三）时机成熟时利用沟通场所的开放性

封闭性的沟通场所并非总是调解工作的最优选择，当双方将要或已经达成协议时，也就是时机成熟时，可以公开双方讨论的场所，利用这种开放性来促使双方忠于协议，不再反悔。社会心理学家发现，个体一旦在公众面前作出承诺，就会坚持到底。戴维·迈尔斯（David Myers）在《社会心理学》中曾经举过一个发生在1980年的真实案例，在一个赛马会上，取得第二名的小雌马在第二轮的赛事中，在最后一圈转弯处超过了领跑马（后来是冠军的小雄马）。当他们肩并肩地出现在转弯处时。小雄马悄悄靠向小雌马一边，从而使小雌马犹豫了一下，结果在这场比赛中，小雄马险胜。小雄马究竟有没有碰到小雌马？骑手的鞭子划到了小雌马的脸吗？裁判员召开了秘密会议。在简单的商议后他们判定这不是犯规，小雄马赢。这个决定引起了轩然大波。重放的电视录像带表明小雄马确实擦到了小雌马。人们提交了抗议书，官员们重新审查了他们的决定，但是最终没有改变主意。极有可能是比赛立即宣布的决定影响了官员后来做决定的开放性，个体一旦对自己的立场作了承诺，就很少屈服于社会压力。现实生活中的仲裁者和裁判员很少推翻自己最初的决定。[③]

（四）调解室的“风水”

中国文化中自古以来就有“风水”一说，虽然有颇多的争议，但是笔者认为“风水说”中蕴涵的基本假设有合理之处。“风水说”认为居住环境会影响人

① 普鲁特、金盛熙：《社会冲突：升级、僵局及解决》（第3版），王凡妹译，人民邮电出版社2013年版，第281页。

② 普鲁特、金盛熙：《社会冲突：升级、僵局及解决》（第3版），王凡妹译，人民邮电出版社2013年版，第282页。

③ 戴维·迈尔斯：《社会心理学》（第8版），侯玉波、乐国安、张智勇等译，人民邮电出版社2006年版，第171－172页。

的运势。环境心理学虽然没有“运势”的概念，但是证实了居住环境对人的心理环境、情绪和行为的影响。社会心理学中的经典实验也证实了周遭环境中的一些细节会对身处其中的人们情绪、行为产生一定的影响。当人们愤怒时，比较容易产生攻击他人的冲动，但是冲动不一定会直接转化为行为，有时周围环境提供的线索也影响攻击行为的产生。在一个实验中，相比附近只有羽毛球拍的情况，当附近有来复枪或者左轮手枪（被试以为是上一个实验遗留下来的）时，在前一个环节中已经被激发了愤怒情绪的威斯康星大学被试对给他们造成了痛苦的人施加了更为强烈的电流刺激（让被试认为如此，但并不会有真的电流）。① 心理学有一个概念叫做“启动效应”，是指前面接受的刺激（信息）影响到后续对某个刺激（信息）的加工。在这个实验中，手枪正是启动了被试以攻击的形式释放愤怒的环境线索。

对于调解工作而言，当事人的心理状况、情绪感受和行为决策也许就是能直接决定着调解能否顺利开展的“运势”，因此调解室的“风水”也非常重要。所谓的调解室的“风水”实际上是指调解室的布置，调解场所给身在其中的当事人提供的心理感受、调解室的一些细节给当事人提供的情绪和思维的“启动效应”。

首先，要想当事人有一个有利于调解的好心境，调解室应该给人一种平等、宽松、温馨和容易让人接受的感觉。一般一个小型调解室以 20 - 30 平方米左右较适宜，太小容易造成局促感，太大容易感觉空荡荡，使人产生不安全感。调解室的桌子一般以椭圆型为主，也有长方形和圆形。椭圆形和长方形一般都较能凸显居中调解者的主导地位，圆桌则刻意淡化调解者的主导作用，可能会影响调解者对程序的控制。常见的座位安排是：双方当事人和亲友或律师等分坐在桌子的两侧，调解员则在桌子的中间。一般安排这种座位方式的时候，要注意双方当事人人数上应大致相当。

其次，在调解室的一些细节布置上，应着意启动当事人合作、和谐的思维和动机，在许多调解室的墙上都贴上了一些倡导和谐、友善的民谚，比如“万事和为贵”，“忍一时风平浪静，退一步海阔天空”，“与方便时且方便，得饶人处且饶人”等。在一些基层调解室，所选择的民谚可以更加通俗和接近当地文化，比如“邻里乡亲有纠纷、自我批评找原因、低头不见抬头见、握手言和情谊

① Berkowitz，L.，&Lepage，A.. Weapons as aggression - eliciting stimuli. Journal of Personality and Social Psychology. 1967 (7). p396.

深”；“何必为了争口气、花钱劳神伤情谊、生气斗殴酿悲剧、事过之后来不及”等。另外，调解室可以适当地放置一些植物、花卉，如吊兰、绿萝等，不要放置多刺的植物或者色彩过于艳丽的花卉，这样有利于缓和紧张、对抗的情绪，使当事人以平和的心境进入到调解和沟通中去。

二、提供有利于沟通的流程与规则

调解是可以按部就班的，也可以是突出重点而随意的。一般情况下，调解是有一定的框架的，但在具体进展时还会存在一定差异。调解员可以根据双方当事人的情绪、态度特点和调解工作进展的需要去主导调解的程序与规则，目的是为双方的理性沟通和信息交换提供有力的保障，避免双方因为情绪过激使冲突升级或者因为争论不休而使沟通没有效率。

（一）调解的基本流程和规则

一般而言，调解可分为准备阶段、开始阶段、中间阶段和最后阶段，而双方当事人做出沟通互动和信息交换的工作则主要集中在开始阶段和中间阶段。

准备阶段是指调解员从对争议的完全不了解开始，了解争议并考虑以何种方式和策略开展工作。准备阶段对调解的顺利开展非常重要，在这个阶段，调解员需要做相当多的准备工作，要确定很多事项，比如，评估该争议是否适合调解或法律上是否禁止调解？当事人是否同意参加调解，是否善意地参与调解，还是另有目的？调解员是否需要回避等？除了和当事人见面或联系外，调解员还要考虑调解场所的选择及布置等工作。

开始阶段是指在调解员组织下的双方当事人的第一次面谈。调解员将各方当事人召集起来，一般先由调解员进行开场陈述。开场陈述意味着调解工作的开始，也会直接为后续的内容设定一个基调。开场陈述一般包括：一段缓和气氛的开场白，同时会对调解工作的目的、意义以及基本规则进行简单的介绍。接下来请各方当事人进行开场陈述，调解员应控制双方当事人的开场陈述不宜过长；一方发言时，另一方不要插嘴和打断。当事人的开场陈述对于调解者了解整个纠纷情况及双方当事人的观点大有好处：调解员不仅能借此把握争议焦点的所在，还能进一步了解双方当事人的性格特点。双方当事人也可以借此了解对方的想法，还可以有机会发泄心中的不满（但需要被控制在限定的程度和范围内），从而为之后能够平和理性地参与调解、进行协商创造条件。最后是调解员的概括和总结。在双方陈述后，调解员应当进行概括与总结，这个程序能够帮助当事人各方之间的沟通效果最大化。

中间阶段是指在确定议程后，调解将进入实质性的阶段，即双方的沟通对话协商阶段。在调解员之前的努力下，此时双方当事人基本已经建立了可以直接对话的基础。沟通不是通过辩论决定赢家，而是旨在让对方更好地了解自己的想法，阐明所有相关问题和诉求，暴露一些在开场陈述中隐藏的真实想法，确认双方之间的认识不一致的地方，然后在此基础上进行对话和谈判，针对各方想要的结果进行评价，并勾勒出所有可能的有效方案的范围。简单地说，对话就是让双方当事人更加清楚地认识自己与对方的真实要求，并进行“讨价还价”。因此在这个阶段的双方会谈中，调解员应该尽量的创造一种有利于沟通的对话氛围，对话主要是在当事人之间完成，调解员仍以倾听为主，此时可以保持安静，积极观察并逐渐形成方案。但调解员仍然需要努力控制调解的程序，只是这种控制不应太强势和明显，在严重偏离议题，缺乏进展并严重影响调解氛围时，调解员要进行适当干预。调解员应告知双方当事人按照刚才所列的调解议程进行讨论，并在一个议题结束以后，使用一些过渡性的语言，引导到下一个议题。比如调解员可以询问双方对这个议题是否还有补充，如果没有，则进入下一个议题。在简单的纠纷中，通过双方当事人的沟通和讨论，能够顺利找到解决争议的方案。但是在比较复杂的纠纷中，可能需要多次双方和单方的会谈。

最后阶段的理想目标是使双方当事人在争议问题上达成一致，用一种既有效又长久的方式结束争论，促使双方当事人的权利义务能够最终界定。此阶段涉及调解方案的寻求、论证以及结束（顺利达成调解协议或者还差那么一点）。

（二）调解员灵活控制调解流程和规则

以上介绍的是调解的一般流程和规则，但在实际的调解过程中，调解员需要根据纠纷的特点、双方当事人的特点以及当时情境的特点来灵活安排和主导调解流程。在有些简单的纠纷中，双方当事人又都能够理性协商问题解决的方案，调解员可以弱化自己的主导地位。如果双方当事人正朝着争议解决的方向进展地较好，只要在其中稍微做一些引导、总结和确认即可。但是在大多数的调解中，想要让双方当事人有效地沟通，可能还需要调解员做出许多努力来控制和主导调解流程。在调解的各个阶段，常常容易遇到一些有关流程和规则的问题，有专家曾对这些问题进行过梳理与讨论①：

1. 在调解中，能否让代理律师代表当事人进行陈述？

因为身处纠纷的是当事人自己，相比代理律师，当事人本人对纠纷的认识应当更清楚、更客观，也更了解自己的真实情感和诉求。因此在调解过程中，尽可能地让当事人自己陈述，即便是律师等代理人在场的情况下也应当如此。特别是在首次会谈中的开场白，当事人的亲自陈述尤为重要，因为当事人亲自陈述能够直观地反映纠纷的客观情况，真实表达自身的情感，并且当所有的陈述必须出自当事人自己之口时，他会更加为自己的陈述负责，会不大好意思过于直白地“狮子大张口”地提出不合理的要求或歪曲事实，尤其是对于想要修复关系和维系自身形象的当事人而言。当然，如果有的当事人坚持让他们的代理律师代为陈述，调解员也应当尊重他的要求。但调解员应当提醒当事人这样做给调解所带来的风险——有可能因此被对方当事人看做缺乏诚意和欠缺尊重。同时，调解员在代理律师陈述结束后，应询问当事人有没有补充和其他意见或者请当事人进行适当的总结和评论。特殊的情况下，比如当事人因为疾病或其他生理原因无法开口，不得已请代理律师陈述，调解员应事先和对方当事人进行解释并取得理解。

2. 在双方会谈时，应该请哪一方当事人先发言？

如果双方当事人对谁先发言这一问题存在不同的看法，调解员应当首先向当事人解释清楚：在调解中，大家都会有对等的发言时间来表达自己，谁先发言谁后发言并不会产生特别的利益倾斜。同时，调解员可以通过自己的言行向当事人强调中立性和公正性。一般而言，可以由提出调解的一方首先发言，如果是在法院调解，则一般由原告方陈述。如果双方为发言次序存在争执，可以尝试交换次序进行发言，即这一阶段你先发言，下一阶段他先发言。

调解员应控制每位当事人的发言时间。开场陈述一般不宜过长，冗长的陈述容易影响气氛，一般建议控制在5–10分钟为宜。另外，在一方陈述时，另一方不应打断，如果对对方的发言有异议，可以先用笔记录下来，轮到自己发言时再做说明。

3. 在双方会谈时，如果当事人总是插嘴打断对方谈话或者情绪失控，应该怎么办？

如果在当事人发言时，另一方当事人打断发言，调解员应及时制止；如果只

① 孙赟峰等：《如何做好调解工作：调解实务技巧与案例》，中国法制出版社2013年版，第84–128页。

是轻度地插嘴，调解员可以适当地做出制止的手势和眼神示意他不要插嘴；如果经常打断或语调过高，调解员应当态度严肃的制止，并且再次提醒其遵守调解的基本规则；如果在对方陈述时，当事人表现出烦躁或者心不在焉，调解员可以给予暗示或者明示：下一轮就到他发言了。另外，调解员也应当控制当事人的发言不要过于重复啰嗦或者出现攻击、贬低对方的词语。一旦当事人情绪过于激动，无法理性平和的沟通下去，应当立即结束双方会谈，转向单方会谈。

4. 何时应该从双方会谈转向单方会谈？

想要把握住进行双方或单方会谈的恰当时机，便要对两种会谈形式各自的优劣和适用的情况有所了解。双方会谈是指调解员将双方当事人召集在一起当面沟通和协商。双方会谈适用于调解初期，需要双方坐在一起当面表达自己的诉求和调解意愿，明确调解规则、确定调解议程。在调解协议将要达成时，也往往需要进行双方会谈，就初步达成的方案再面对面地进行讨论与确定。双方会谈的好处是双方当事人可以听到对方的意见，并且直接做出反馈。这就有利于调解员迅速掌握纠纷的事实经过和争执的基本要点，并且也能使一些基本成型的方案得到讨论和确定。双方会谈的问题是：第一，并非所有的当事人都愿意当着对方的面“打开天窗说亮话”，有可能会因为对方在场而有所保留；第二，并非所有的当事人都能够平和理性地和对方坐在一起讨论问题，有时双方会谈中可能会产生激烈的争执、争吵，使调解陷入僵局；第三，在另一方当事人也在场的情况下，调解员很难当面指出一方的问题，比如“期望值过高要求不合理”“证据不充足，走诉讼程序的话，获胜几率是多少”等。因为如果调解员这样做，可能会导致被指出问题一方认为调解员在帮着对方说话，并且当着对方的面打击自己，因而对调解员产生对抗情绪。而另一方当事人也有可能因此感到得意，认为自己是更有利的一方，因此降低和解的动机，拒绝让步。

因此当双方会谈没有办法取得更多的进展，调解进入僵局、双方当事人情绪激动无法对话、当事人反复重申不合理的诉求和立场时，调解员都可以灵活地结束双方会谈，进入到单方会谈的程序中去。单方会谈阶段就是我们俗称的“背靠背”调解，即调解员分别和一方当事人进行沟通。单方会谈可以弥补前面提到的双方会谈的一些缺陷：通过单方会谈，调解员能够更好地了解当事人的底线，更好地安抚当事人的情绪，寻找当事人立场背后的本质原因和利益所在，同时也能更好地帮助当事人评估所面临的法律风险和道德风险。但是即便有诸多好处，调解员也不宜过早地结束双方会谈而迅速进入单方会谈，应多留些空间给当事人自主解决纠纷，避免当事人怀疑调解员与对方串通，想搞“暗箱操作”。在第一次单方会谈开始的时候，调解员要注意向当事人保证保守秘密，当事人给予调解员的信息将是安全可靠的，同时也可请当事人对调解员说过的话保守秘密，从而建立友好关系和加深信任。在此基础上，调解员可以更自由地与一方当事人探讨对纠纷的真实看法，包括双方真正的底线。

三、掌握有效的沟通方法

在调解中，有效的沟通方式能促进调解顺利开展。只有通过有效沟通，调解员和双方当事人三方之间才能准确地交换看法和诉求、传达和获取信息。而对于处在纠纷中的当事人来说，自觉地以理性有效的方式和对方沟通是不容易的事情，因此调解员在调解中的一个重要任务就是作为第三方帮助双方当事人有效沟通。调解员必须要通过有效的沟通方式才能获得当事人传递出的重要信息、看法和诉求，交换双方当事人的意见和观点，传递有利于和解达成的信息和信心。毫无疑问，调解员一定要是一个善于沟通的人，与此同时需要督促和引导双方当事人朝着有效沟通的方向努力。

（一）听比说更重要

许多和人打交道的职业都非常强调倾听的重要性，比如心理咨询师、社会工作者，对于调解员来说，倾听也是一种必要而且重要的技能。有效的倾听能够帮助我们获得许多必要的信息、理解当事人的真实立场和利益诉求、找到解决问题的关键所在。此外，积极的倾听是赢得当事人信任的重要一步，能让当事人感受到自己受到了尊重、关注和理解，因此而愿意去倾诉内心的真实想法，也愿意以合作的态度去讨论问题。对于带有愤怒、压抑等情绪的当事人来说，能够得到调解员耐心的倾听，也是其释放不良情绪、平静心情的重要途径。那么应该如何做才算是积极的倾听呢？

首先，要有积极倾听的动机。积极地倾听是发自内心的、真诚的。调解员发自内心地想要去关注当事人的想法、态度、情绪和观点，对当事人的谈话抱有兴趣和专注，也表现出对当事人尊重的态度，不会随意去打断当事人的谈话。

其次，要有积极倾听的表情。表情的作用一方面是自己内心情绪的释放和表达，另一方面也是他人了解你当下情绪的线索。那么调解员在积极倾听时，同样也会向当事人展现出相应的表情线索。一般来讲，当你在关注对方说话时，你的面部和肢体会有这样一些反应：身体和面部朝向说话者，身体前倾，会与说话者发生眼神的交流，并且会有一些与谈话节奏一致的肢体语言，比如在适当的时候点头，表示理解和鼓励当事人继续说下去。同时，调解员手中要有笔和笔记本，可以将听到的要点记录下来，即便你觉得光靠耳朵听就足够了，但做记录的动作也是对说话者关注和重视的一种表现。而与此相反的是，有一些表情和肢体语言对于调解员来讲是“忌讳”，比如：当事人在说话时，调解员脸朝向别处；低头沉默，不与当事人目光接触；双臂交叉，身体往后躺在椅背上并翘着二郎腿；或者不停地看自己的手机、双腿抖动、不耐烦的表情……这些面部和肢体的表情都会传达给当事人一些这样的信息：你不想听他说话，没有兴趣，不耐烦——这些都是不利于调解与有效沟通的。

第三，要有积极倾听的语言反馈。在日常的交流中，如果总是发言者一人在说，而四周一片沉默，那么这个发言者一定会感到忐忑不安，他会怀疑他人有没有在倾听，也不知道他人是不是听得懂自己的意思，又或者他人认不认可自己所讲，自己是否应该继续讲下去。所谓交谈、交流，“交”就是指交互的、交换的，即便以发言者为主，也需要听众的反馈。调解员在倾听当事人的发言时，也是如此，可以适当地给予一些言语反馈，简单的如“嗯”“哦”“然后呢”“继续”“我知道了”等等——表示自己在听，并鼓励对方继续讲下去。更进一步的反馈是复述当事人的意思或者恰当的提问。用自己的语言重复对方说过的话，这样可以确保自己听明白了对方所说的，也可以让对方知道你正在认真倾听，比如“你刚才说对方卖给你的机器有问题？”“你说他当着很多人的面给你难堪？”。如果有些事情需要澄清或者想进一步了解某件事，调解员可以要求对方给予说明。除了可以获得多一点的信息资料外，调解员还可以通过提问表示自己在乎对方的感受和顾虑。在当事人的发言基本结束以后，调解员也可以对其发言的主要意思进行一个总结，然后问当事人总结是否正确，是否还需要补充。①

最后，有时调解员们可能会遇到当事人沉默不语的情况，当事人的沉默究竟表达了什么？调解员又应当如何应对呢？调解员要通过观察情境和当事人的表现，去理解其沉默的原因。有的当事人是因为正在对之前讨论的问题进行思考，他可能会瞪大眼睛使劲地想，也可能会眯起眼睛自言自语或者凝视着某一点陷入一种沉思状态。在这种情况下，调解员可以适当放慢调解进行的节奏，给当事人一点时间和空间去完成他的思考和决定。但是有时候，可能是因为对对方和调解员不满意和不信任，这种沉默是带有不满和愤怒的情绪的，当事人在沉默的同

① 孙赟峰等：《如何做好调解工作：调解实务技巧与案例》，中国法制出版社2013年版，第110页。

时，表情和肢体语言可能会表现出怀疑、不信任或者气哼哼的样子，比如双手交叉在胸前，歪着头皱着眉不屑地看着调解员或者对方当事人等。这时的沉默表达的是："我不愿意涉及这个话题！""我不想待在这儿了！""你们到底是不是来解决问题的?""调解员总是针对我，是对我有偏见吧?"。这时，调解员需要反省一下之前自己的言行或者对调解程序的控制是否合适，然后可以给予适当的解释和调整或者结束双方会谈，单独去做当事人的思想工作，建立其对调解员和调解的信任感和信心。另外，还有些沉默可能是因为当事人感觉到无助、茫然，不知道该说什么，也可能是因为性格内向而羞于表达，面对这样的沉默，调解员应当给当事人更多的关心、鼓励，提一些具体化的问题，帮助他开始表达和思考。

（二）提问的学问

在倾听的过程中，调解员对当事人提出恰当的问题也很重要，这样既能表示调解员在倾听并对当事人的发言感兴趣，鼓励当事人敞开心扉，又能帮助调解员和对方当事人获取更多的信息，真正地理解发言者的利益要求。在调解中，提问的主要目的应当是关注当事人谈判语言背后的真正利益要求，因此调解员的提问应当和纠纷本身有关，而不应仅仅为了满足好奇心而提一些不恰当的问题。如果当事人在他的陈述中只是以坚持立场的姿态来机械地重复他的要求，调解员可以通过提问引导其从立场转移到利益的讨论，比如问"你具体想要什么?"。双方会谈与单方会谈中的提问也会存在一些差异，在双方会谈中，调解员的提问主要是针对事实本身或者当事人的基本立场和态度，而不应直接接触当事人的底线。而在单独会谈中，调解员的提问相对来讲没有这些拘束，范围可以更广，程度可以更深。

可见，调解中的提问是有讲究、有学问的。提问的方式不同，得到的信息也会不同。在调解中，提问方式有封闭式、开放式、假设式和澄清式提问，后三类提问比较常见，但在特定的情境中，封闭式提问也有其作用和效果。调解员应当灵活地根据不同的时机提不同的问题，以服务不同的目的。

1. 封闭式提问

封闭式提问时可以用"是""否"等一两个字作答的提问。比如"是你首先提出调解的，对吗?""他是你的儿子吗?"。这类问题通常用"是不是""要不要""会不会"等形式提出，不引导当事人提供更多的信息，不扩大话题，而是就征询的问题进行查证。它的功能是获得特定的信息、澄清事实、缩小讨论范围或使会谈集中于某个特定问题。

2. 开放式提问

开放式问题是在调解会谈中用得较多的一种提问方式，通常不能用一两个字作答，能引出一段解释、说明或补充。开放式问题常常以“什么”“怎样”“为什么”“能不能”“愿不愿”等形式发问。根据咨询心理学的研究[①]发现：以“什么”发问的提问往往引出一些事实资料；以“怎样”发问则往往涉及一件事情的过程、次序和情绪性的事项；以“为什么”发问则引出一些理由、原因及合理的解释；“能不能”“愿不愿”发问则引致当事人做自我剖析。在调解中，常见的开放式问题有：“关于……你指的是什么意思?”“你的意思是……?”“请你进一步谈谈……”“你能想出其他可能的办法来处理这个事情吗?”“其他可能的选择是什么?”“它对你有多重要?”“什么对你来说是重要的?”“关于……你希望发生什么?”“你为什么不希望发生这样的事情?”等。这些问题都能帮助我们搜集更多的资料，促使当事人自我剖析立场背后的利益，推动会谈的进行。

3. 假设性提问

假设性提问是指调解员给当事人假定特定的情形，并询问他对这些情形的真实想法是什么。假设性提问常常以“如果”“假设”等其他类似的形式发问。假设性提问往往出现在调解的关键时刻，常被调解员在单方会谈中用来检验当事人的底线，探讨并且检验有关调解协议新方案的可行性、确定调解方案的细节等。

比如，调解员可能会提出类似于这样的假设性问题：“假如对方同意适当增加赔偿的数额，但数额不超过3000元，你觉得如何呢?”“如果你们两个都不要房子，那么把房子卖了，然后平分卖房款怎么样?”“如果这个问题由法院来裁决，你觉得可行吗?”“刚才你也听到了对方关于这些问题的意见，你觉得他会接受你的方案吗?”“如果到了月底，你还是还不上钱怎么办?”“如果对方同意你只还5000元，那么你什么时候能还清呢?”“如果今天一次性解决，对方当场付款，但要免除利息，你愿意吗?”“他愿意付清货款，但暂时没有那么多现金，需要分三期半年内付清，你可以接受吗?”等。

4. 澄清式提问

澄清式提问是为了对一些问题进行澄清而进一步做出的追问，能够帮助我们充分理解当事人的意见，了解相关的背景情况，掌握导致冲突的症结所在。比如在一个商品买卖纠纷中，一方当事人说“我们是不会接受他这些要求的”。调解

① 江光荣：《心理咨询与治疗》，安徽人民出版社2001年版，第110页。

员为了寻求澄清，可以问："那么你们认为问题的关键是什么?"又比如在损害赔偿纠纷中，一方当事人说"我不会同意买新的家具电器给他的，他又没有发票，再说他的东西又不是新的"。调解员可以继续提问："那新买一套家具电器需要多少钱，如果他已经用了五年了，大概还值多少钱?"。

5. 应该避免的提问方式

除了以上应该掌握的技巧以外，调解员还应该注意以下应该避免的提问方式。在任何情况下都不应该采用逼供式的提问方式，因为这样的提问法会让对方感到被攻击而对调解员产生敌意。另外，调解员也应该避免引导性的提问，这些问题通常是来寻求对方的同意而不是对方的答案。因为对方的答案往往会被调解员引导性的问题所影响，所以未必是对方真实的想法。

（三）精炼概括，巧妙重组

在与当事人的会谈中，概括和重组信息是调解员的一项重要工作。通过对会谈内容和信息的精炼准确概括，可以帮助当事人回顾一段会谈中自己和对方交换的重要信息、表达的态度与立场，同时也让当事人感受到调解已经取得的成果和进展。而重组信息则可以过滤掉负面信息，传达积极的、正向的信息，帮助当事人关注积极的问题解决空间。概括和重组可以帮助当事人更好地抓住重要信息和纠纷解决的关键，并获得达成和解的信心。

1. 概括

概括是指将当事人表达的意见、情绪等进行分析综合，以整理过的形式向当事人表述出来。概括可以看做是一个谈话段落或者一次会谈的总结。概括的主要作用在于给当事人一种运动感，让其感到在关于纠纷解决的调解讨论正在取得进展，以此获得继续朝着积极方向前进的鼓励。同时概括也让调解员和双方（或单方）当事人对前一段会谈的内容有一个重新审视的机会，通过这种审视，当事人可以更好地认识自己（和对方）或得以补充资料或得到反馈，以确定调解员是否正确地理解了自己。另外，概括往往自然地构成会谈的一次单元式收尾，让调解员和双方（或单方）当事人有一个喘息之机。做出概括需要注意以下几点：

第一，当事人谈话时，要留心各种主题、当事人的立场和利益以及情绪反应；第二，把关键性的信息、情感的基本意思加以综合，用概括的语句表述出来；第三，不要增添新的东西；第四，概括时可以强调已经发现的双方的共同利益所在。

2. 重组

重组是在概括的基础上，将当事人陈述的语言或者内容稍加修改，从而正面地加以表述，同时将当事人未能完全准确表达的意思以正面地方式表达出来。可以说，许多人际冲突源自于沟通不畅，双方不能以正向的、指向于问题解决的表达去进行沟通，而调解员正是要帮助双方当事人改善这种情况，使双方的沟通能够清楚地传递各自的真实利益与诉求，以对方能够接受和理解的方式表达，以问题解决为目标。常见的重组方式有这样一些：

第一，将一个纯粹负面的主张转变为一个正面、前瞻性的讨论点。比如，在民间借贷纠纷中，一方当事人说："我根本就不相信他会按照协定履行。"调解员："你的意思是想要一些确保他履行协议的保证吗？"

第二，软化一方当事人立场的阐述，从而使得对方当事人更容易接受。比如，在买卖合同纠纷中，一方当事人坚持："除非他把电脑拿来让我修理，否则我对他说的电脑问题是不认可的，我们也不会保修。"调解员："你的意思是，作为销售者，你希望有机会检查并且确定电脑的问题所在吗？"

第三，澄清当事人所真正关心的问题，剔除对针对对方当事人带有贬义、轻蔑且带有侮辱性的用语。比如，在婚姻纠纷中，一方当事人说："他一直好吃懒做，不务正业，有点小钱就去赌，家务也不分担，这样下去，夫妻不离婚才怪。"调解员："你关心的是他作为丈夫，必须要有更多的责任承担，夫妻俩为家庭共同努力，对吗？"

第四，将带有太多情绪性的、偏激的表达转换为较为中立的表达，以获得双方当事人的同意。比如，在邻里纠纷中，一方当事人表示对另一方当事人的行为非常愤慨，调解员则可以说："你是不是对对方没有充分考虑到你的感受而感到不高兴？"①

（四）察言观色的智慧

心理学家研究指出，我们和他人的沟通有 70% 是无言无声的。对方的面部表情和肢体语言能够提供给我们很多言语之外的信息，而且这些信息往往比语言还要真实可靠。

① 孙赟峰等：《如何做好调解工作：调解实务技巧与案例》，中国法制出版社 2013 年版，第 112 页。

1. 面部表情

面部表情是人类情绪情感的流露，是人们表情达意、交流感情、相互沟通的重要手段，中国成语中的喜形于色、眉飞色舞、怒目相视、眉来眼去、愁眉苦脸等说的都是面部表情。达尔文（Darwin）曾随英国皇家海军环游世界，在南洋诸岛部落社会中，观察不同文化之下的不同种族的人，其基本情绪（喜、怒、哀、惧等）的面部表情，各种族间是一致的。在其著作《人与动物的表情》中，达尔文论证道，人与动物的表情是进化而来的遗传性行为，不同文化背景、不同种族的人其基本情绪的面部表情是一致的，个体不需学习即可获得，相互交流也无须翻译。美国学者艾克曼（Paul Ekman）通过他的实验研究进一步证实了达尔文的观点。艾克曼对面部表情进行了跨文化比较研究，在他的第一项研究中，向五种不同文化的人（智利、阿根廷、巴西、日本和美国）展示照片，请他们判断各个脸部表情所显示的情绪，不同文化的人对大部分的情绪都有共识。在后来的研究中，艾克曼又将比较的对象拓展到了新几内亚未开化的野蛮人部落，他将拍摄的美国人的喜怒哀惧表情的照片给当地的土著人看，这些部落还没有文字，但是当地人仍然可以理解照片上的美国人的面部表情的大致含义。他们无法精确地表达“哀伤”的概念，但是他们能依据所见的哀伤的表情做出这样的表达：“这个人的孩子死了。”① 人类面部表情的共通性在于：不同情绪的表达，分别由面部的不同部位来决定——悲哀显现在眼睛，快乐和厌恶表现在嘴部，惊愕的表情由前额显示，愤怒则表现在面孔全部。相对来说，中国人的面部总显得要比西方人的平静，面部表情没有西方人来得那么夸张和激烈。有时，我们也可以通过伪装面部表情来掩饰情绪，但若非训练有素之人，这种掩饰往往不那么成功。所谓的“强颜欢笑”“皮笑肉不笑”的伪装，常能让对方一眼看穿。

在调解过程中，调解员可以通过观察当事人的面部表情，尤其是眼神来获得许多信息，比如，当事人的目光变化多或眼神凝视其他物体，这是在避免和他人有眼神交流，表示有所保留、紧张和压抑；而闭眼姿势（闭眼 1 秒及以上）则在表达厌倦、不感兴趣，也可能是自我感觉优越；如果是目光望两边，眉毛微微扬起，则表示感兴趣。

---

① 保罗·艾克曼：《情绪研究：心理学家相面术——解读情绪的密码》，易之新译，心灵工坊文化事业股份有限公司 2004 年，转引自：邬欣言：《生活中的社会学》，湖南大学出版社 2012 年版，第 79－81 页。

2. 肢体语言

肢体语言是通过身体或四肢的运动以表达某个意图、情绪或者态度。比如看球看到精彩处兴奋不已的观众，会情不自禁地鼓掌；被男友爽约了的女孩会顿足以表示生气；在产房外边等候着的丈夫们总是不停地走来走去，并且搓着手，他们十分地焦虑；考砸了的学生总是低垂着头，一看就知道他在丧气，此时无力回天的老师只有摊手表示无奈。调解员可以通过观察当事人的肢体语言了解当事人的情绪和态度，以下是一些可以参考的线索：

第一，上身的姿势：

A 笔直：专心、紧张，也可能是感到自卑；

B 懒散（有些驼背）：放松、厌倦、闷，也可能是自我感觉优越；

C 僵直（不动）：专注、有准备、警觉；

D 不安（不停摇摆，摆动）：紧张、说谎；

E 向前靠（放松）：感兴趣；

F 向前靠（紧张）：想离开，准备逃避。

第二，四肢：

A 双臂交叉：不同意、反对、防备、害怕、紧张、不友善、负面；

B 两腿交叉：紧张、防备、拘束、保留、不满意、不开心；

C 双腿分开：坦诚、放松；

D 两腿并拢：压抑、自我控制。

第三，头部：

A 头部直为自然状态：坦诚、安全、开放、不带威胁；

B 头向下：做判断、消极、反对、不认同；

C 头倾向一边：感兴趣、好奇、假装。

第四，手势：

A 掌心向内：信心十足、态度坚决、优越；

B 掌心向外（双掌摊开）：开放、坦率、诚实、接受意见、解释、安全；

C 双掌向下：气势汹汹；

D 手触摸下巴：思考、评估、做决定；

E 下巴靠手；闷、厌倦；

F 半握拳而手指对人：好斗、不友好；

G 双手握拳：生气、不友善、防备、抗辩；

H 说话的时候手遮嘴：撒谎、不诚实；

I 用手擦耳朵（掏耳朵）："我不想听""我已经听够了"；

J 搓手、拽领子：表示紧张。

3. 个人空间

有些心理学家致力于研究在互动中表现出来的身体语言符号的意义，尤其是说谎者的身体语言如何出卖自己。研究发现说假话的人们会不自觉地与对方保持较远的距离，而且显得身体向后靠，肢体活动较少，面部笑容反而增多。社会心理学家认为这是人们通过"个人空间"透露出来的信息。比如，在大学的自习室和图书馆，常常能观察到这样的情况：当座位还不是特别紧张的时候，来到自习室或图书馆的人们在自己坐了一个座位之外，常会用随身携带的书包、书籍或者水杯等将左右两边的空座位一同占据。就好像在自己的周围划出一片属于自己的空间，不希望别人侵入。此时，如果你刻意闯进这个被他占领的空间中去，会引起对方的焦虑和敌意，他甚至可能会起身离去或者在心里暗自咒骂你这个"不识相"的陌生人。但如果你是这位占座者的熟人或朋友，当他发现了正在寻找座位的你时，他会招呼你或者高兴地将贴近自己的座位主动让给你。人们在陌生人面前会特别地要求和保护自己的个人空间，以保证不受陌生人的打扰和侵犯，因此这是一种自我保护和防御，人们以此获得心理的安全感。但如果互动的对方是我们亲密的人，便会主动地拉近距离，以空间的亲近来表示感情的亲密。人类学家、社会心理学家对谈话者之间的人际距离进行了广泛而深入的研究，在美国的人群中，发现了这样的规律：最亲密的人，彼此间可以接近到 0.5 米；有私交的朋友间，彼此间可以接近到 0.5－1.25 米；一般公共场所的陌生人之间在沟通时，彼此间的距离通常维持到 3 米以上。在中国文化中，可能会略有差异，但大致的规律是相似的，通过生活中的观察也不难发现这一规律：情侣之间总是比较靠近，热恋中的情侣更是"如胶似漆"地黏在一起；勾肩搭背的动作往往发生在"亲密无间"的铁哥们儿之间；朝陌生人问路时，如果你贴近对方耳语，对方肯定会大受惊吓，退避三舍。中国成语中的"若即若离"，便是形容对人保持一段距离——不靠近也不远离，这也会让对方有些琢磨不清双方关系的亲疏程度。①

（五）利用当事人的"重要他人"

"重要他人"（Significant Others）最早由美国社会学家米尔斯（C. W. Mills）

① 邬欣言：《生活中的社会学》，湖南大学出版社 2012 年版，第 81－82 页。

提出，是心理学和社会学都关注的概念，指在个体社会化以及心理人格形成的过程中具有重要影响的具体人物，重要他人可能是一个人的父母长辈、兄弟姐妹，也可能是老师、同学，甚至可能是萍水相逢的路人或不认识的人。在调解过程中，我们也可以将对当事人具有影响的或者对当事人的决策具有重要影响的具体人物视为当事人的重要他人，他们可能是与当事人关系密切的亲人、朋友或者是当事人尊敬的单位领导、学校老师、村里或者宗族中有威望的人等。在与当事人的沟通无法开展或者出现僵局时，调解员可以去找到当事人的重要他人，并且利用这些重要他人与当事人进行间接沟通，有时他们甚至是决定着和解能否达成的关键人物。在下面这个案例中调解员便是从当事人的“重要他人”身上寻找到了问题解决的突破口。

案例 3.1　利用“重要他人”：一起工伤保险待遇纠纷调解的关键

在一个劳资双方的工伤保险待遇纠纷案中，双方迟迟无法达成共识的原因是赔偿数额的问题。在调解员的多次努力和双方的配合下，虽然取得了一些进展，但是双方的差距还是挺大。调解员联系索赔的劳方周某做工作，当谈及数额问题时，调解员发现当事人周某欲言又止，不停地用眼神征求丈夫的意见。调解员意识到：在赔偿金方面，周某的决定在很大程度上受其丈夫的影响。于是，调解员决定在其丈夫身上寻找突破口。在此之后，调解员多次单独会见了周某的丈夫，经过多次谈话、协调，他终于表示愿意适当下调请求赔偿的数额。①

四、调解员的心理偏向问题

调解员作为中间人，一个很重要的任务就是保持中立和获得当事人的信任。如果争议双方认为调解者公正无私，不偏袒任何一方，调解就更可能成功。如果争议双方认为调解者对他们持有偏见，他们就更不愿意接受调解，② 也更不可能遵守调解协定。③ 偏见是对个体或者群体所持有的先入为主的印象和态度，往往是负面的。即便调解员对当事人中的一方并没有偏见，但是对另一方却有明显的

① 案例来源：平衡劳资双方的利益——周某诉某实业公司工伤保险待遇纠纷案，参见：沈志先等：《调解精品案例选》，法律出版社 2012 年版，第 136－139 页。

② Welton, G. L., &Pruitt, D. G. The mediation process: The effects of mediator bias and disputant power. Personality and Social Psychology Bulletin, 1987 (13). p123－133.

③ Pruitt, D. G., Peirce, R. S., McGillicuddy, N. B., Welton, G. L., & Castrianno, L. M. Long－term success in mediation. Law and Human Behavior. 1993 (17). p313－330.

正性偏向，同样也可能会影响当事人对调解和调解员公正性的怀疑。但是这些正面的或负面的偏向却常常客观地存在于人际互动过程中，有一些心理效应是促成这些偏向产生的因素。作为调解员，首先要了解这些普遍存在的心理效应，从而尽可能地克服其对自己的影响。

（一）首因效应与近因效应

美国心理学家卢钦斯（Luchins）用编撰的两段文字作为实验材料研究了首因效应现象。他编撰的文字材料主要是描写一个名叫吉姆的男孩的生活片段，第一段文字将吉姆描写成热情并外向的人，另一段文字则相反，把他描写成冷淡而内向的人。例如，第一段中说吉姆与朋友一起去上学，走在撒满阳光的马路上，与店铺里的熟人说话，与新结识的女孩子打招呼等；第二段中说吉姆放学后一个人步行回家，他走在马路的背阴一侧，没有与新近结识的女孩子打招呼等。在实验中，卢钦斯把两段文字加以组合：

第一组，描写吉姆热情外向的文字先出现，冷淡内向的文字后出现。

第二组，描写吉姆冷淡内向的文字先出现，热情外向的文字后出现。

第三组，只显示描写吉姆热情外向的文字。

第四组，只显示描写吉姆冷淡内向的文字。

卢钦斯让四组被试者分别阅读一组文字材料，然后回答一个问题“吉姆是一个什么样的人?”结果发现，第一组被试者中有78%的人认为吉姆是友好的，第二组中只有18%的人认为吉姆是友好的，第三组被试者有95%的人认为吉姆是友好的，第四组只有3%的人认为吉姆是友好的。这项研究结果证明，信息呈现的顺序会对社会认知产生影响，先呈现的信息比后呈现的信息有更大的影响作用，这一现象被称为“首因效应”。但是，卢钦斯进一步的研究发现，如果在两段文字之间插入某些其他活动，如做数学题、听故事等，则大部分被试会根据活动以后得到的信息对吉姆进行判断。也就是说，最近获得的信息对他们的社会知觉起到了更大的影响作用，这个现象叫做“近因效应”。①

首因效应和近因效应常常会影响到人际交往中对他人印象的形成，而这些印象极有可能会成为一种偏见。比如，在第一次会谈中，当事人可能表现得情绪过于激动、不讲道理，如果调解员被这一第一印象影响，可能会对当事人产生偏见，认为其是不理性的、不可理喻的、无法沟通的，这自然会影响之后的调解工

① 时蓉华：《现代社会心理学》，华东师范大学出版社1989年版，第222页。

作的开展。称职的调解员总是能够克服首因效应和近因效应的影响，公正、平和地去对待每一位当事人，尽可能地去理解当事人言行背后的原因和动机。

（二）刻板印象和光环效应

1. 刻板印象

所谓刻板印象（Stereotype），是指对某人或某一类人产生的一种比较固定的、类化的看法；是还没有进行实质性的交往，就对某一类人产生了一种不易改变的、笼统而简单的评价，这是我们认识他人时经常出现的现象。刻板印象常常是一种偏见，人们不仅对接触过的人会产生刻板印象，还会根据一些不是十分真实的间接资料对未接触过的人产生刻板印象，例如：老年人是保守的，年轻人是爱冲动的；北方人是豪爽的，南方人是精明的等。

苏联社会心理学家包达列夫做过这样的实验，将一个人的照片分别给两组被试看，照片的特征是眼睛深凹，下巴外翘。向两组被试者分别介绍情况，给甲组介绍情况时说“此人是个罪犯”；给乙组介绍情况时说“此人是位著名学者”，然后，请两组被试者分别对此人的照片特征进行评价。评价的结果，甲组被试者认为：此人眼睛深凹表明他凶狠、狡猾，下巴外翘反映其顽固不化的性格；乙组被试者认为：此人眼睛深凹，表明他具有深邃的思想，下巴外翘反映他具有探索真理的顽强精神。①

为什么两组被试者对同一照片的面部特征所做出的评价竟有如此大的差异？原因很简单，是因为人们对社会各类的人有着一定的定型认知。把他当罪犯来看时，自然就把其眼睛、下巴的特征归类为凶狠、狡猾和顽固不化；而把他当学者来看时，便把相同的特征归为思想的深邃性和意志的坚韧性。

由于刻板印象建立在对某类成员个性品质抽象概括认识的基础上，反映了这类成员的共性，有一定的合理性和可信度，所以它可以简化人们的认知过程，有助于对人迅速作出判断，增强人们在沟通中的适应性。但它也容易阻碍人们对于某类成员新特性的认识，使人的认识僵化、保守，一旦形成不正确的刻板印象，用这种定型去衡量一切，就会造成认知上的偏差，如同戴上有色眼镜去看人。

2. 光环效应

光环效应（Halo Effect）又称“晕轮效应”，最早由美国心理学家爱德华·

① 时蓉华：《现代社会心理学》，华东师范大学出版社 1989 年版，第 220 页。

桑戴克（Edward Lee Thorndike）提出的，是指在人际知觉中所形成的以点概面或以偏概全的主观印象。一个人的某种品质或一个物品的某种特性一旦给人以非常好的印象，在这种印象的影响下，人们对这个人的其他品质或这个物品的其他特性也会给予较好的评价。也就是我们中国人所说的“爱屋及乌”。如果说刻板印象容易使人戴上有色眼镜去看人，那么光环效应容易使我们带上玫瑰色眼镜去看人，因为喜欢他人的某一好的品质而觉得他什么都好。当当事人中的其中一方是调解员非常喜欢的人物，又或者是某方面的权威或者名人时，调解员需警惕因为光环效应而引起的认知偏差和不公正的发生。

（三）亲疏差异也可以利用

当事人理所当然期待第三方成为铁面无私的“包青天”，调解员也应当尽可能地做到中立和不偏不倚。但实际上，这种单纯的、完全不带情感的而且公正无私的个体几乎不存在。[①] 事实上，在某些紧急干预的个案中，常会出现第三方与双方当事人存在亲疏差异。有的时候，这种亲疏差异也可以被加以利用促成和解，特别是调解者与必须做出更大退让以达成协定的争议一方的关系更好，这种亲疏差异甚至可能更有助于达成协定，[②③] 因为更加亲近和更多的信任感有助于调解员说服这一方当事人做出更大的退让，这也是对方当事人愿意接受的。霍普曼（Hopmann）曾举过这样的一个例子来说明这一问题：

1973 年中东战争以后，虽然外界普遍认为，美国国务卿基辛格是以色列的坚定支持者，但发现基辛格能成为一名同时为以色列与埃及、叙利亚接受的调解者。仅亲近以色列这一事实，就能使他要求以色列做出让步，而且没有任何人能代替基辛格。而且调解的过程中，他无需担心以色列会认为他会出卖以色列的根本利益。[④]

此外，为了平衡冲突双方力量的悬殊，调解员往往也会对弱势的一方有所偏向。当双方的势力差异悬殊时，是很难公平对话和产生问题解决的动机的。因

① Fisher，R. Playing the wrong game. In J. Z. Rubin（Ed.），*Dynamics of thirdparty intervention*：*Kissinger in the Middle East*，New York：Praeger. 1981. p95 - 121.

② Faure，G. O. The mediator as a third negotiator. In F. Mautmer - Matkhof（Ed.），Processes of international negotiations. Boulder，CO：Westview Press. 1989.

③ Kressel，K. Labor mediation：An exploratory survey. Albany，NY：Association of Labor Mediation Aggencies. 1972.

④ Hopmann，P. T. The negotiation process and the resolution of international conflicts. Columbia，SC：University of South Carolina Press. 1996. p226.

此，面对力量悬殊的冲突局面，为了给联合的问题解决创建更理想的条件，调解员可以建议将会谈的地点安排在弱势一方的主场或支持弱势方的利益和立场。①

【本章小结】沟通是调解的第一关键要素

沟通在调解中是第一个重要的环节，从调解员第一次与当事人接触时起，沟通就开始了。同时，双方当事人之所以会求助于作为第三方的调解员，其根本问题就是双方本身无法针对纠纷的解决进行有效的沟通。因此无论是简单还是复杂的纠纷，调解员的一个最基本的任务便是为双方当事人提供有效的沟通模式。怎样的沟通是有效的呢？沟通的目标是为了双方能够理性地交换各自的想法、诉求、信息，朝着和解的方向讨论各自认为可行的纠纷解决方案。而对于第三方的调解员而言，能够做的是这样几个方面的工作：

首先，提供有利于沟通的场所，沟通场所作为调解的物理场域影响和决定着心理场域。场所是否中立，是开放的还是私密的，以及场所的布置等都会给当事人带来不同的心理感受与暗示。

其次，提供有利于沟通的流程和规则。调解有一般的流程和规则，这些流程和规则都是为了有效沟通服务的，是为了避免沟通的非理性和无效率。所以调解员并不是死守流程和规则，而应根据双方当事人当下的态度、情绪和调解的进度灵活地主导调解程序。

第三，掌握有效的沟通方法，人与人之间的沟通是门大学问，社会心理学中有许多专门研究是关于沟通的策略与技术的：如何倾听、如何提问、如何重组和反馈信息、如何通过观察当事人的表情和肢体语言捕捉信息、如何利用当事人的“重要他人”来帮助沟通。

第四，关于调解员的偏见问题。建立信任是调解员在初期的沟通中的首要任务，只有当事人感受到调解员毫无偏见，保持中立，才有可能对调解员和调解工作产生信任感和信心。但是偏见又确实是在社会中普遍存在的心理现象，调解员通过了解一些与偏见相关的心理效应，能够更好地帮助自己避免偏见，保持公正。

---

① 普鲁特、金盛熙：《社会冲突：升级、僵局及解决》（第3版），王凡妹译，人民邮电出版社2013年版，第293页。

第四章　消除冲突双方的心理障碍

一、冲突双方的认知障碍

（一）零和思维与虚构固定馅饼假设

1. 零和思维与虚构固定馅饼假设的逻辑与影响

零和思维与虚构固定馅饼假设是常见于身陷冲突的人们的思维中，是一种不利于冲突解决的认知障碍。“零和思维”的概念源自博弈论，是指一项游戏中游戏者有输有赢，一方所赢正是另一方所输，而游戏的总成绩永远为零，这是一种非合作、纯竞争的博弈。固定馅饼假设就是指，认为自己与谈判对方都是在争夺同一块大小固定的馅饼，双方的目标都是尽可能多地争取到更多的馅饼，那么其中就必定存在一个这样的规律：对方争夺得到了更多的馅饼，我方就必定就只能争夺到更少的馅饼，对方所得，就必定构成我方所失。因此，对方与我方必定成为截然对立的关系。① 比如在下面这个案例中，当事人双方的立场看起来都是出于各自的理由不能亲自抚养亲生女儿，实际上，却也是受到零和思维的影响，将打败对方视为自己的目标。

案例 4.1　打破零和思维，平息了一场“弃女战”

原告沈某某诉请要求被告贺某抚养女儿贺某某。原、被告曾经是夫妻关系，协议离婚时约定女儿贺某某由原告抚养，但贺某某实际生活在被告处，这份有矛盾的抚养协议以及双方以往的感情纠葛导致原、被告在本案中对贺某某的抚养问题产生了很大争议。原告当时再婚且已怀孕，怕无暇照顾即将出世的宝宝，因此

---

① 马克斯·巴泽曼：《管理决策中的判断》，杜伟宇、李同吉译，人民邮电出版社 2007 年版，第 175－176 页。

不愿抚养贺某某；而被告与第一任妻子还有一个大女儿需要抚养，现在要第三次结婚无心抚养贺某某。双方在法庭上争得不可开交，说了很多无力抚养的理由。之后，被告将女儿贺某某送至原告处，接着原告又与家人领着贺某某冲到被告家，原告与被告的家人还发生了肢体冲突。眼看着冲突逐渐升温，而法院经过缜密调查发现，原、被告名下都有数套房产，有的甚至价值千万元，无力抚养只是双方的说辞；而作为贺某某的亲生父母，也是与孩子存在着骨肉亲情的，但双方却都如此态度坚决地打起了一场“弃女战”，双方的意图究竟是什么呢？经过一番调查、观察与分析，法官摸清了双方的心理：原告是为了照顾好即将出生的第二个孩子，因此提出了变更抚养关系的要求，而被告则完全是出于报复原告、不让原告如意的目的而反对原告的要求，也就是认为打败对方便是自己胜利；对方的如意便是自己的损失。而被告的对立又进一步引发了原告的坚持和对抗。这便是在零和思维指导下产生的一种对双方利益冲突与谈判目标的误解。实际上，在现实世界中，许多的利益冲突是相对的而非绝对的，比如在此案例中，作为贺某某的亲生父母，能让孩子拥有一个良好、健康的成长环境应当是双方当事人的共同目标。①

谈判的目标是希望经过双方的沟通与合作，尽可能地将这块利益的馅饼做大，做到双方都尽可能获得最多的馅饼，而非“你死我活”地争夺同一快馅饼。但如果双方当事人抱着零和思维与固定馅饼假设的心态进入到协调程序中去，他们会假设自己的利益必然会与对方的利益产生直接的冲突，而这种假设会阻碍调解协议的达成：

首先，要达成创造性协议，就需要双方在多种争端中权衡，去寻求能够使双方利益最大化的交易。零和思维和固定馅饼假设带来的双方利益不相容的假设，显然会让双方无视共同目标的存在和双赢的可能性。假设一个公司想要通过员工培训来提高工作的灵活性，同时员工也想接受更好的培训以巩固职位。虽然双方拥有相同的目标，但固定馅饼假设可能会使他们认为彼此的利益不相容。管理者可能会错误地推测：“一旦我给员工提供额外的培训，他们就可能打算另谋高就。”

其次，零和思维和固定馅饼假设会使当事人“反应性地贬低”任何对方做出的让步，仅仅因为让步是对方做出的。斯蒂林格（Stillinger）等人曾经做过一

① 案例来源：平息了一场“弃女战”——沈某某诉贺某变更抚养关系纠纷案，参见：沈志先等：《调解精品案例选》，法律出版社2012年版，第23－25页。

个实验①：

137 名被试者被分为 A、B 两组，然后询问他们一个具体的军备削减提案对美国有利的程度。A 组被试者被告知提案是由苏共总书记戈尔巴乔夫发起的，B 组被试者则被暗示是总统里根（当时正处于里根的任期内）制订了这个提案。结果在 A 组被试者（即相信提案是由戈尔巴乔夫发起的）中，56% 的人认为条款极其有利于苏联；只有 16% 的人认为有利于美国，而剩下 28% 的人认为对双方都有利。B 组被试者（相信是由里根发起了提案）中，45% 的人认为有利于双方，27% 的人认为对苏联有利，27% 的人认为对美国有利。

因此，即使提案的条款是一样的，由己方提出时，看起来是互利的；而由对方提出时却显得不利于自己。一旦对方在某一问题上做出让步，持“固定馅饼假设”者很可能贬低该问题的价值：“如果他们愿意做出这个让步，问题一定并不很重要。”

2. 消除零和思维与虚构馅饼假设的方法

当调解员发觉当事人可能存在零和思维和虚构馅饼假设的认知障碍时，应当如何帮助其消除这种障碍呢？

第一，当面指出当事人认知模式的偏差。在心理咨询与治疗中有一种“面质”技术，指心理咨询师当面指出当事人自身存在的情感、观念、行为的矛盾，促使其面对这些矛盾的一种语言表达方式。面质的目的并不是在于向当事人说明他说错了什么话或做错了什么事，而是为了帮助他认识到自己内心的矛盾以及认知方式与思维方法的误区。调解员在发觉当事人的思维中存在不利于调解达成的思维障碍时，也可以用面质的方式直接指出当事人认知模式上的偏差，比如：“你是想要获得满意的赔偿，开始自己的新生活，还是想要打败对方，让他不好过呢？”“打败他究竟对你有什么好处呢？”……使当事人认识到自己思维方式的问题，从而能主动地改变其情绪体验和行为倾向。正如认知疗法的代表人物贝克（Beck）所说的：“适应不良的行为与情绪，都源于适应不良的认知。”而在调解活动的情境中，我们可以说，许多对抗性的行为、情绪都源于敌对的、非建设性的认知模式，但当事人却认识不到这种误区，也没有意识到这种误区对纠纷解决和自己的利益而言意味着什么，这时就需要应用面质的技术，使其意识到自身的问题所在，从而加以改善。但是直接指出当事人的认知模式的偏差，也需要考虑

① Stillinger, C., Epelbaum, M., Keltner, D., and Ross, L. The reactive devaluation barrier to conflict resolution. Unpublished manuscript, Stanford University. 1990.

到一些条件和方法，比如，最好是在调解员和当事人建立了一定的信任关系之后再进行，否则容易直接激起当事人对调解员的反抗情绪，也无法取得良好效果。最好是使用循序渐进地尝试性面质的方式，不要过于直接地一步到位，要以循循善诱的方式引导当事人自己反思，而不是无情地批判让当事人难以接受；不宜当着另一方当事人的面进行，这样可能会让当事人感到难堪，甚至怀疑调解员是站在对方的立场上说话。

第二，在比较复杂的纠纷中，鼓励当事人同时考虑多个议题。在调解议程中，应当先讨论哪些问题？有些人认为应当把最重要的问题放在最先，否则便是在拖延问题的解决。而在劳资关系的纠纷中，很多有经验的调解者认为，应当从最简单的问题开始。但是心理学家巴泽曼（Bazerman）则提出，由简单的问题开始可能会使谈判的初始阶段比较顺利，但它会增加出现僵局的可能性。而以最困难的问题开始，常常会使双方的谈判在起步阶段就中断。两个策略可能都忽略了可能创造共同利益的权衡点。[①] 巴泽曼想说的是要在谈判中打破虚构的固定馅饼、创造价值，最好是同时考虑多个议题，看双方在这多个议题之间是否有利益可以交换、平衡。如果鼓励当事人一次只考虑一个问题的话，一个问题一旦被"解决"，在后面的谈判中它就很少再会与后来提出的问题一起得到重新考虑，于是便会束缚双方的思维，限制了问题解决的空间。

（二）消极的判断框架

俗话说"比上不足，比下有余"，讲的是同一个状态下因为比较的参照点的不同，就会获得"不足"和"有余"两种不同的价值评价。心理学家卡尼曼（Daniel Kahneman）等人则关注由于不同的参照点而获得的消极或者积极的判断框架会对人们的决策行为产生怎样的影响，这些影响对纠纷中的当事人的决策行为也是关键的。卡尼曼提出了"框架效应"（Framing Effects）的理论，即在不确定条件下的判断与决策，人们往往持有两种思维，一是面对收益（积极的判断框架）时，对风险进行回避；但在面对损失（消极的判断框架）时，又会变成风险偏好。因此同一个问题，两种参照，会导致不同的决策判断。他把人类的这种现象称为框架效应。[②] 比如，在劳资纠纷中，工人方坚持认为资方必须把工

① 马克斯·巴泽曼：《管理决策中的判断》，杜伟宇、李同吉译，人民邮电出版社2007年版，第175页。

② Kahneman, D., &Tversky, A. Psychology of preferences. Scientific American. 1982. p245, p161－173.

人的工资从每小时10元涨到每小时12元，在考虑到当时通货膨胀的情况下，任何少于这个数的方案都代表损失。资方则表示任何高于每小时10元的上调都是强加的无法接受的支出。双方是选择以每小时11元的工资达成协议（一个明确的解决方案）呢，还是诉诸具有约束力的仲裁（一个有风险的解决方案）呢？

不难看出，这是一种消极的判断框架，也就是双方都从损失的角度去考虑这个冲突。那么按照“框架效应”理论，我们可以预测，双方都将尝试风险，而不愿意接受那个明确的解决方案。然而，当当事人的判断框架从消极变为积极时，就会产生不一样的预测结果。如果工人方将任何超过每小时10元的上调都看做是获利，而资方则把任何低于12元的下调也都看成是获利，那么双方都会规避风险，就有希望协商解决问题。尼尔（Neale）和巴泽曼发现与具有消极框架的谈判者相比，拥有积极框架的谈判者更有可能做出让步，从而达到互惠的结果。①

是什么决定了当事人是拥有积极的谈判框架，还是消极的框架呢？这取决于参照点的选择。工人方和资方在这场劳资纠纷中，可能考虑到的参照点有：（1）去年的工资；（2）资方开始的报价；（3）工会对资方保留点的估计值；（4）工人方的保留点；（5）工人方对支持者公开宣称的讨薪立场。对于工人方而言，与去年的工资相比会获利，但随着参照点从（1）向（5）转移，与公开鼓吹的更高目标相比，这些有限的获利会变成损失，从而把工人方从积极框架引向消极框架。

由此可见，当事人的判断框架能导致不同的结果，既可能达成一项重要协议，也可能陷入僵局。在调解工作中，调解员常常会遇到这样的情况，双方当事人往往以他们“必须”得到的价格为依据进行谈判——为得失的衡量建立一个高的参考点。在这种情况下，任何偏离参照点的让步都将被视为损失。这种心理会使得谈判者以消极的框架去衡量所有需要让步的提案，从而达成协议的可能性减少。

为了达到和解的目标，调解员应该始终对双方框架保持清醒的认识，并且提醒当事人考虑采用其他框架的可能性，努力说服双方以积极框架看待谈判。当调解员分别接触不同的当事人时，应该呈现不同的参照点，使各方都规避风险。同时为了影响框架，调解员也必须强调情境中的现实风险，从而引起双方对不确定

① Neale, M. A., and Bazerman, M. H. Perspectives for understanding negotiation: Viewing negotiation as a judgmental process. Journey of Conflict Resolution, 1985 (29). p33 – 35.

性的注意，引导双方选择明确的和解方案。

（三）买卖双方的赋予价值差异

在许多纠纷中，争议的焦点在于赔偿数额。调解员发现在索赔时常常出现这样的情况，一方开出另一方无法理解和接受的“天价”，于是调解工作便陷入了僵局。为何索赔者和被索赔者对被损失的价值的评估会有如此大的差距呢？除了出自将自己的利益最大化、损失最小化的动机之外，还源自一种影响我们客观认知的心理规律：我们倾向于赋予所拥有东西更高的价值。

卡尼曼等人曾做过一个这样的实验。[①] 他们将所有的被试者（参与者）分为三组，A 组扮演“卖家”，B 组扮演“买家”，C 组则是“选择者”。实验者将杯子放在 A 组“卖家”面前，并告诉“卖家”们，他们拥有这些杯子，并且有权选择用合适的价格卖掉杯子，接下来实验者给他们呈现了一系列可能的销售价格，从 0.50 美元到 9.50 美元（以 50 美分递增）不等，让他们说出是否愿意在某一价格上卖掉或者保留杯子。

B 组“买家”们则被告知，将给他们一定数目的钱，可以留着或者用它买杯子。实验者要求他们回答对杯子和钱数（0.50 美元 - 9.50 美元）之间的偏好。而对于 C 组的“选择者”们被实验者填写一个问卷，让他们在杯子或者一定钱数之间作出选择。实验者也要求他们标明对杯子与钱数（0.50 - 9.50 美元）之间的偏好（但是他们既不拥有杯子也不拥有这些钱，只是做一个估价）。

结果显示，买卖关系中的角色是会影响我们的估价的。卖家卖杯子所要的均价是 7.12 美元，买家是 2.87 美元，选择者是 3.12 美元。买家和选择者对杯子的价值的评价非常相似。相比较而言，杯子的拥有者给杯子赋予更高的价值，在类似的赋予实验中卖家与买家的估价差别一般为 2：1。这种赋予效应表明，人们倾向于过高估计拥有东西的价值。在这种心理倾向的影响下设定的价值，与在理性客观分析的基础上设定的价值是不一致的。这种不一致的估价就能部分解释为何有些索赔者一开始的期望值往往与被索赔者给出的价格相去甚远，而使调解陷入僵局。

当调解员发现当事人因为这种心理倾向而阻碍调解的达成时，最直接的办法是请当事人提供出价的理由，并且明确指出其中不合理之处；以合适的方式提醒

---

① Kahneman, D., Knetsch, J. l., & Thaler, R. Experimental tests of the endowment effect and the Coarse theorem. Journal of Political Economy. 1990 (98). p1325 - 1328.

当事人，既然双方的目标都是和解，那么在出价时，不仅仅要考虑自己的想法和感受，也要考虑对方接受的可能性，如果给出的价格对方没有接受的可能，那么这个出价也是没有意义的。

(四) 过度投入与越陷越深

设想你在参加一个这样的游戏：

有人拿出一张100元的人民币作为竞拍物进行拍卖，你可以参与竞拍或者旁观别人竞拍。每次出价必须是5元的倍数，如果没有人继续报价，报出最高竞拍价的人将按自己的报价付钱，并赢得这100元。这次拍卖与传统拍卖唯一的不同之处在于报出第二竞拍价的人虽然得不到这100元，但也要按自己的报价付给拍卖者钱，例如：A报价50元，B报价55元并成交，拍卖者将付给B45元（100元－55元）；而A则要付给拍卖者50元。

如果以10元起拍，你会参加这次竞拍游戏吗？

这个游戏源自由舒必克（Shubik）发明的“美元拍卖”游戏。[①] 这个游戏被玩过很多次，常见的情况是：刚开始大家都玩命的报价，当报价到了60到80元之间时，其他人都退出竞拍，只剩下两个报价最高的人。这时他们感到进退维谷了，A报80元，B马上报85元，这时A要么再报90元，要么损失80元。继续竞拍带有一定的不确定性（一旦对手退出，自己就可获利），但相比退出后的确定损失，这种不确定的赢利似乎更有吸引力。所以A往往会又报价90元，直到报价攀升到95元和100元。有意思的是，当出价到了100元之后，竞拍往往还在继续，最终成交价往往超过了100元，虽然我们都很清楚出价一旦超过100元，就是非理性的了，不论对于A还是B而言，都意味着损失，是“双输”的。

如果对这种竞拍游戏细加考察就会发现，参加竞拍的人会陷入进退维谷的境地。虽然每次提高竞拍数额都有可能会使对手退出，但如果双方都这样想，后果就很严重了。当出价已经超过了100元时，在这场无论如何都会造成损失的竞争中，双方开始关注的是如何打败对方。调解员们不难发现，在很多纠纷中，当事人也有陷入这种陷阱的情况。当事人双方为了赢得诉讼，已经为此投入了越来越多的时间、精力和金钱，并且认为这些损失都应该从对方身上得到补偿，只有坚持自己的要求、不退让，最终获胜才能减少损失。但是如果双方当事人都持这样

① Shubik, M. The dollar auction game: A paradox in noncooperative behavior and escalation, Journal of Conflict Resolution. 1971 (15). p109－111.

的想法，随着投入的增多，他们便都不会收手、主动退让，僵局便形成了。

帮助当事人改变这种困境，策略之一是提醒当事人站在对方的角度来考虑策略，即换位思考，告诉当事人："你觉得你已经为此事耽误了很多时间、花了很多钱，所以不能让步，但是对方为此事也没有少花时间和金钱，如果他也坚持和你一样的想法，那么只会让你们双方为此付出更多的时间和金钱，那么事情得不到解决，你们却会越陷越深，对谁都没有好处。"

策略之二是向当事人解释之前的付出和花费只能被当做"沉没资本"，为了脱离困境，解决问题，明智的方式是不再考虑"沉没资本"，而是努力向前看。我们从小就被教育要"坚持，再坚持"，但事实上，如果方向错误，坚持只会浪费大量的时间、精力和金钱，只有方向正确，坚持才能产生相应的回报。我们可以帮助当事人分析，在什么情境下他的坚持能获得回报，而在什么情境下却不能。在无法获得回报的情境中已经投入的时间和金钱都是"沉没资本"，也就是说这些投入已成为过去，无法挽回，将来的行动不应对此予以考虑。

策略之三，是引导双方当事人认识到：双方都陷入了这场纠纷的困境和陷阱中，是同病相怜的，如果继续关注如何打败对方，谁都难以成为赢家，只有双方将竞争策略改变为合作策略，加强沟通，从如何解决问题，减少双方的共同损失作为目标，问题才能获得好的解决。

（五）过度自信

案例4.2　警惕过度自信：一起僵持不下的劳资纠纷

周某退休后被上海某实业有限公司（以下简称"某实业公司"）聘用。2006年2月，周某在骑车送货途中摔倒受伤。2006年10月，周某向区劳动保障局申请工伤认定并于同年12月被认定为工伤。2007年3月，区劳动能力鉴定委员会出具《鉴定结论书》，认定周某因工致残程度九级。2007年9月，周某向区劳动争议仲裁委员会申请仲裁，要求某实业公司承担工伤保险待遇的赔偿责任。同时，某实业公司对区劳动保障局的认定不服，提出行政复议。上海市劳动保障局于2008年1月作出行政复议决定，维持了区劳动保障局认定周某属于工伤的行政行为。某实业公司不服，向法院提起行政诉讼。2008年3月，法院判决维持了区劳动保障局认定周某属于工伤的行政行为。某实业公司仍不服，提起上诉被驳回。2008年6月，区劳动争议仲裁委员会裁决某实业公司支付周某各项费用共计6.5万元。某实业公司不服，诉至法院，要求按照月工资1500元的标准计付工伤待遇，且不同意支付仲裁裁决的一次性工伤医疗和伤残就业补助金，同时申请对周某的伤残等级进行重新鉴定。①

在这个纠纷中，某实业公司一而再、再而三地提请仲裁、行政复议和诉讼，从法律的角度来讲，这是他的正当权利，但是从问题解决的视角来看，这种坚持和不服未必就是理性的。许多纠纷中的当事人都存在这种过度自信的倾向，认为只要不“放弃”，他们的立场就会取胜。同样的，类似于某实业公司这种提请仲裁的当事方也始终会高估最终提议被接受的概率。已有的实验研究发现，最终提议被接受的可能性平均只有50%，但是人们对自己的提议被接受的概率的估计是68%。② 即便当事人双方存在积极的协商空间，但是过度自信往往会阻碍很多协议的达成。因为如果谈判者过度自信地认为自己的立场会被接受，他们的保留点就会变得极端，也不大会做出让步。尼尔和巴泽曼发现“适度”自信的谈判者会比过度自信的谈判者做出更多的让步行为，并更为成功。③

作为调解员，在遇到当事人的过度自信导致调解僵局时，可以做的无非是向当事人指出其过度自信的偏差，可以为当事人提供相关经验、数据或者专业人士的建议，为当事人提供中立方的客观评估，帮助当事人准确地认识到自己直觉的偏差、要求的合理性以及被对方接受的可能性。

（六）自利偏差

如果说“过度自信”是指当事人过于相信自己评估的倾向，而自利性偏差则指人们倾向于以有利于自己的方式定义公平。在纠纷解决时，即使双方都真诚地希望得到一个对大家都公平的结果，但由于双方对公平的看法不同，同样也会导致僵局。

巴布科克（Babcock）等人的系列实验验证了自利偏差存在的普遍性。④⑤ 在实验中，被试者被提供了关于一个纠纷的各种材料：证词、验伤报告和口供等。这些材料源于一个由汽车与摩托车相撞所引发的法律诉讼。被试者们被分配扮演

① 案例来源：平衡劳资双方的利益——周某诉某实业公司工伤保险待遇纠纷案，参见：沈志先等：《调解精品案例选》，法律出版社2012年版，第136－138页。

② Shubik，M. The dollar auction game：A paradox in noncooperative behavior and escalation，Journal of Conflict Resolution，1971（15），p109－111.

③ Neale，M. A.，&Bazerman，M. H. Perspective for understanding negotiation：Viewing negotiation as a judgmental process. Journal of Conflict Resolution. 1985（29）. p33－55.

④ Babcock，L.，Loewenstein，G.，Issacharoff，S.，and Camerer，C. Biased judgments of fairness in bargaining. American Economic Review. 1995（5）. p1337－1343.

⑤ Babcock，L.，and Loewenstein，G. Explaining bargaining impasse：The role of self－serving biases. Journal of Economic Perspectives，1997（1），p109－126.

原告或者被告的角色，并要求尽量达成协议。如果他们不能达成协议，就要支付一定数额的罚金，而这个罚金的数额是由一个公平的法官决定的，这位法官曾根据完全相同的材料做出过判断。在双方进行谈判之前，请他们预测这个法官裁决的罚金数额。结果发现：第一，原告对法官裁定的数额的预测远高于被告。第二，原告与被告之间的差异程度对能否不依靠法官裁决而获得调解成功有很强的预测作用。第三，被试对法官给出的“公平”裁决结果的评估，随分配到的角色不同而存在差异，也就是存在这样的规律：只要被分配扮演原告的角色，被试者就会倾向于预测更高数额的罚金。

后续的实验想要降低这种因为角色不同而导致的偏差，便使用现金奖励能够准确预测法官裁决的被试者，并让他们写文章讨论对手的看法（目的都在于鼓励被试者从中立客观的立场去定义公平），遗憾的是，这些干预均没有取得可测量的效果，被试者仍然坚持认为法官对公平判断的知觉和自己一致。

是什么造成了自利性偏差呢？这一系列实验中的其他结果指出了自利性偏差背后可能的心理机制。给被试者呈现 8 个有利于自己角色（原告或被告）的证据和 8 个有利于对手的证据，要求他们以“中立第三方”的身份评定证据的重要性程度。结果显示：双方都认为支持己方的证据比支持对方的证据更有说服力，偏差是通过对证据的曲解而形成的。实验发现：如果被试在阅读案例材料后再分配角色（原告或被告），偏差程度会明显减少，几乎所有的对手都很快在损害赔偿上达成协议。可见，问题的源头不是我们有意不公平，而是我们很难以无偏的方式解释信息。① 巴泽曼认为，建立沟通的策略，包括提问、寻求平衡和作出让步，是减少自利性偏差和创造谈判方案的关键。②

（七）偏见

案例 4.3 地域偏见：一起人身损害赔偿纠纷的关键

张某是一位四川籍老人，2010 年 5 月他来到上海参观世博会，顺便探望儿子，却在武宁路附近横穿马路时，与在非机动车道正常驾驶电动车的周某发生了碰撞，致使张某手部被擦破。由于初到上海，人生地不熟，又素来认为上海人非常“精明”、善于“砍价”，所以，情急之下，张某便使出“头戴三尺帽，不怕

① Messick, D. M., and Sentis, K. Fairness, preference, and fairness biases. In D. M. Messick and S. Cook (Eds.), Equity theory: Psychological and sociological perspectives, New York: Praeger. 1983. p61－64.

② 马克斯·巴泽曼：《管理决策中的判断》，杜伟宇、李同吉译，人民邮电出版社 2007 年版，第 86－91 页。

砍一刀”，索性开价1000元。而周某也觉得委屈，自己好端端地在非机动车道上正常行驶，是张某违反交通规则乱穿马路，吓了自己一跳不说，还把电动车撞坏了，而他只是手擦破点皮，就张口要赔偿1000元，实在令人无法接受，因此一口咬定张某的索赔要求是“敲竹杠”。张某因为一直生活在四川乡村，那里街道狭窄，车流量小，车速也较慢，走街串巷向来是说走就走，因此张某怎么也想不通，为何眼前这位“肇事者”非但毫无歉意，反而态度强硬，用自己听不懂的上海话喋喋不休。于是张某很生气，一直到进入调解室，他仍在用浓重的四川口音高声指责道：“你们上海人欺负外地人！今天不赔1000元我不干！”周某也不甘示弱：“侬迪（这）个外地人也太不讲理了吧！自己乱穿马路不说，竟然还‘敲竹杠’，素质哪能嘎（这样）差？”一个“外地人”，一个“上海人”，一句“四川话”，一句“上海话”，双方你来我往，互不相让，争得面红耳赤，矛盾不断升级。①

这个案例中的纠纷是由一个很小的交通事故引起的，案情很简单，涉及的损失也不算严重，原本可以由当事人在现场自行和解。之所以越闹越凶，主要是源自于双方当事人对对方的偏见，尤其是张某对上海人的偏见。张某认为上海人非常“精明”，善于“砍价”，而自己又是外地人，上海人肯定会“欺生”。因为这些先入为主的偏见，张某决定要保护自己，要对对方狠一点，于是便不客气地要价1000元。张某的这种态度使周某建立起了对张某的印象（或者是印证了之前对外地人的偏见）：这个外地人素质低，不讲道理，想讹钱。基于这样的偏见，二者不大可能会理性地沟通，而只会各执己见地互相攻击。

偏见（Prejudice）是指对一个群体及其个体成员的负性的预先判断。社会心理学家奥尔波特（Gordon W. Allport）在其经典著作《偏见的本质》（The Nature of Prejudice）中所界定的那样，“基于错误和顽固的概括而形成的憎恶感。”② 偏见让我们基于对某人所属群体的认识而不喜欢这个人。在调解活动中，偏见对调解协议的达成往往是具有破坏性的。在医疗纠纷、针对政府或企业的维权纠纷中，偏见往往是阻碍调解顺利进行的重要因素。偏见会从以下几个方面来阻碍理性沟通、让步和和解的达成：

第一，偏见引发自闭性敌视，从而导致沟通中断，冲突升级。人们会倾向于

① 案例来源：和谐的结局——张某诉周某某人身损害赔偿纠纷案，参见：沈志先等：《调解精品案例选》，法律出版社2012年版，第158－160页。

② Allport，G. The nature of prejudice. Cambridge，MA：Addison－Wesley. 1954. p91.

停止与那些自己不喜欢或不尊敬的人交往和沟通。冲突双方处于这样的状态，互相坚持自己先前的观点，包括那些使沟通戛然而止的观点。实际上，这些观点已经引起了自我持续的过程，这就是自闭性敌视（Autistic Hostility），[①] 是另一种自我强化的过程。沟通真空常常会变成谣言散播的温床。客观事实遭到美化或者扭曲，而人身攻击会成为家常便饭，将冲突逐渐推向升级。

第二，由偏见引发的自我实现预言会导致对方更多的对立和敌意，造成双方恶性互动的循环和强化。自我实现预言（Self－Fulfilling Prophecy）表现为冲突一方对另一方所持的信念和态度，会使得前者的行事方式发生改变，从而引起后者采取强化前者这些信念的行为。比如当事人中的一方认为另一方是敌对的、不负责任的、没有诚意的、缺乏同情心的，并且在调解过程中通过言行时不时地让对方意识到这一点。而这些责备反而会让另一方按照被指责的这些方式来行事。我们常常会听到受到指责后的当事人，气愤地宣称："好吧，既然你认为我是恶人，那我就做个恶人给你们看看吧!"自我实现预言不仅是一种假设，它获得了实验的证实。最著名的实验是罗森塔尔（Rosenthal）和雅各布森（Jacobson）[②] 所做的一项经典研究中，研究者告诉小学的老师，他们班上有部分学生预计会在本学年底的学习成绩上成为"优胜者"。实际上，研究者只是从班级名单中随机地抽取了这些学生的名字。因此，这些学生和其他同学在智力上并没有什么差别——唯一不同的是，他们的老师现在开始对前者持有积极的期望。到了学年底，这些"优胜者"的确比其他同学获得了更高的智力成就。虽然老师并未意识到，他们信以为真地（即认为这些"优胜者"能力更强）对待这些学生，从而实现了这一期望。

第三，偏见启动自我强化机制，从而导致当事人以敌对地方式去关注、解释对方的任何行动（友好的或者不友好的，强硬的或者妥协的），导致偏见的强化和冲突的升级。这种自我强化机制可能通过以下几种心理过程得以实现：

1. 认知失调与行为的合理化

认知失调理论假定，人们的行为和态度的不一致会产生某种不愉快的唤醒状态，这种状态称为失调。[③] 这种令人不适的状态激发人们去寻找减少失调的方法

---

① Newcomb, T. M. Autistic hostility and social reality. Human Relations, 1947 (1), p69－86.

② Rosenthal, R., &Jacobson, L. F. Pygmalion in the classroom. New York: Holt, Rinehartand Winston. 1968.

③ Festinger, L. A theory of cognitive dissonance. Stanford, CA: Stanford University Press. 1957.

——比如改变态度使之与行为一致。当个体的行为有损自我看法时，认知失调尤为严重。[①] 因此，因为偏见当事人会对对方持有敌视的态度、做出敌对的行为，尽管这些行为可能与自己正派而又通情达理的自我认知不大相符，但是当事人会认为是对方的可憎可恶才导致自己的敌对，也就是基于偏见将自己敌对的行为合理化，又进一步强化了对对方的偏见。

2. 选择性信息加工

一旦冲突一方已经形成对另一方的负面印象——另一方被塑造成不受欢迎、面目可憎、不能信赖、令人不快的角色，选择性信息加工就会导致冲突一方注意、搜索、诠释、保留以及回忆那些能确认最初负面印象的信息。[②] 因此持有偏见的当事人往往只会选择性地关注那些支持偏见的信息，而无视不符合偏见的信息（同样会无视对方的让步，甚至将其解释为对方的计谋），偏见因此得到强化，甚至愈演愈烈。

3. 基本归因谬误

在社会交往中，人们有对自己和他人行为进行归因（Attribution）的倾向，也就是要找到自己或他人如此行事的原因。而归因会强烈影响个体随后针对他人的情感及行为反应。[③] 社会心理学的研究发现，基本归因谬误（Fundamental Attribution Error）是普遍存在的一种社会心理规律，也就是人们在解释别人的行为原因时，倾向归因于个人内在特质，而非外在情境因素。基本归因谬误是偏见产生、发展的温床，已经持有偏见的当事人再对对方行为进行归因时，发生归因谬误的可能性就更高了。在关于对方的信息中，那些能支持当事人偏见假设的信息，往往会归因于对方本身的品质、性格等（比如："他这个人就是坏！所以才会这么干！"），而那些不同于当事人偏见假设的信息，往往会归因于对方所处的情境，诸如临时的环境压力等（比如"他也是迫于压力，才做出权宜之计"）。那么，对方实际上无论做什么，都无法消除当事人的负面看法。如果对方行事险

---

① Cooper, J. Motivating cognitive change: The self - standards model of dissonance. In J. P. Forgas, K. D. Williams, &L. Wheeler (Eds.), The social mind: Cognitive and motivational aspects of interpersonal behavior. New York: Cambridge University Press. 2001.

② Hopmann, P. T. The negotiation process and the resolution of international conflicts. Columbia, SC: University of South Carolina Press. 1996.

③ Allerd, K., Anger and relaliation in conflict: The role of attribution. In M. Deutsch&P. T. Coleman (Eds.), The handbook of conflict resolution: Theory and practice. San Francisco: Jossey - Bass. 2000. p236 - 255.

恶，则会视为是其居心叵测或本性残暴的真实表现；如果对方宽容大度且亲切友善，就会被诠释为是一种暂时应变措施。

偏见对和解的阻碍是巨大的。那么调解员应如何帮助当事人突破偏见的障碍呢？对于偏见最好的办法就是增加双方的接触和沟通。但是考虑到自我强化机制会使持有偏见的当事人选择性地关注信息、做出解释，因此在促使双方的接触沟通时，调解员要讲究一些策略与技巧：从偏见没有那么强烈的一方入手，劝其主动做出一些改变和退让；调解员作为中间人帮助当事人正确地去理解对方的行为和动机；鼓励双方换位思考、做出让步。比如在前文中的提到的四川老人在上海的交通纠纷中，调解员首先想到的是请老人的儿子赶过来，这样可以缓解老人的孤立无援感，同时作为在上海学习生活的年轻人，老人的儿子应该能够帮助老人打破对“上海人欺生”的偏见；在等待的过程中，调解员再三叮嘱周某，在接下来的调解过程中，请他尽量使用普通话而不是上海话交流；在正式的调解程序开始以后，调解员首先是代表上海人民对张某来沪参观表示欢迎——这些细节都是调解员为缓解冲突，改变老人对上海人的偏见而做出的努力。

（八）生动性的影响

威尔逊（Wilson）等人通过实验研究发现生动性影响陪审团的协商。① 这项研究要求参与者看一桩民事诉讼案结案陈词的录像带。在这个案件中，A 方诉讼 B 方，而 B 方也反诉 A 方，双方都出具了自己的证据和主张。研究者对结案陈词的生动性进行了控制：在第一种情况下，A 方立场由 10 个生动的表述组成；在第二种情况下，A 方立场由 10 个乏味的表述组成。虽然所有 10 个论据的生动性/乏味性得到了人为控制，但他们的内容是一样的（例如，在生动的情况下，一个证据这样说：“路面凹凸不平，必须撒沙子填平！”而在乏味的情况下，该证据这样说：“路面不平，必须弄平。”），然后，要求扮演陪审团的被试者对主张和反驳做出判断，并恰当地判定损害赔偿金。在 A 方论据生动的情况下，A 方占优势的可能性几乎是 B 方的两倍（82% 比 46%），并且被试者在证据生动的情况下判定的赔偿金更多。最终，看生动录像带的参与者能列出更多关于这个案子的事实。可见，数据的生动性将强有力地影响着我们的决策。

在纠纷解决时，信息的生动性同样也会对调解达成产生影响。在一个模拟的

① Wilson, M. G., Northcraft, G. B., and Neale, M. A. Information competition and vividnesseffects in on-line judgments. Organizational Behavior&Human Decision Processes. 1989 (1). p132-139.

劳动谈判中，尼尔（Neale）发现对于仲裁成本还是和解成本的生动性会影响到谈判者愿意接受的结果。[①] 如果对于达成和解的代价是生动的，谈判者就较少让步，更可能诉求于仲裁。相比较而言，如果使用仲裁的成本（如金钱成本、时间投入和对结果的失控）是生动的，谈判者明显地更容易妥协、更可能解决问题。尽管在两个版本中的客观信息并没有发生变化，但产生的结果却会因为哪一种信息更具生动性而产生的结果不同。

许多调解员都善于使用信息的生动性促成当事人达成和解的意愿，比如生动地给当事人算上一笔账，看如果不愿意妥协、不迅速解决问题，接下来诉诸仲裁、诉讼所要花费的各种费用和时间成本具体是多少，而成功的概率又是怎样。同时，在需要当事人与对方换位思考时，也可以将经过调查获得的对方当事人的具体的生活情况、精神情况以生动的方式展现给当事人，以获得说服的最好效果。

二、情感障碍

强烈的情感总是与冲突相伴随。当代研究冲突的学者解释道，处于冲突当中意味着情感被激发了出来——如果一个人没有经历情感的高涨，是不会“处在冲突中”的。[②③] 实际上，绝大多数的纠纷都涉及情感的问题，甚至在某些纠纷中最根本的问题就是情感问题。即便是经济利益类型的商业纠纷，情感不是需要解决的首要问题，但仍然会贯穿纠纷发生、发展和解决的始终。当我们受到攻击或者觉察到我们的身份或目标受到威胁，我们就会产生激烈的情感。一般在冲突的开始，当事人的情感可能会非常强烈，也许会十分暴躁、易怒，但随着调解的进展，解决方案的出台，当事人的感情可能会随之减弱。可见，情感是伴随着冲突而来，也是随着冲突的发展而发展的。因此，要做好调解，必须认清情感在具体的纠纷中所起到的作用。

在有的纠纷中，情感问题本身便是关键问题。这一类纠纷的根本问题便是当事人之间的感情冲突，往往关系到感情的破裂，以及悲伤、愤怒、不公平感等消

① Neale, M. A. The effects of negotiation and arbitration cost salience on bargainer behavior: The role of the arbitrator and constituency on negotiator judgement. Organizational Behavior & Human Decision Processes, 19844 (1), p97 – 111.

② Bodtker, A. M., and J. K. Jameson. Emotion in conflict formation and its transformation: Application to organizational conflict management, International Journal of ConflictManagement. 2001. 12 (3), p259 – 275.

③ Jones, T. S. Conflict resolution education: The field, the findings, and the future. Conflict Resolution Quarterly. 2004 (22). p233 – 267.

极情感的体验。当然在现实的纠纷中，这些情感问题往往与其他问题（诸如财产分割、抚养权的争夺或者逃避、赔偿等）纠缠在一起。这时就需要调解员通过观察双方当事人的情绪、情感表达和互动，敏锐地发现纠纷的关键点究竟是单纯的利益问题还是情感问题，究竟只需要找到双方接受的利益分配方案，还是需要将关系的修复放在首位，从而找到合适的解决方案。因此在大多数情况下，当事人在调解中的情感表现不应被视为是一种阻碍调解顺利进行的障碍，而应视为是给调解员提供的有价值的线索。

但在有些情况下，当事人过于激烈的情感体验和表达，确实会对调解的顺利进行产生一定的影响。人在过于激动的情况下，容易有过激的言行，也很难理性地去对话和思考问题——这是为我们熟知的常识；特别是在愤怒和不公平感的支配下，当事人很容易责怪对方，同时产生攻击行为（意图伤害他人的言行），而“以牙还牙”也是人类普遍存在的行为规律，因此一方的强烈攻击往往不能换来对方的内疚、真诚的道歉和合作，而是争辩和还击。这样，双方当事人的目标都成了“打败对方”，冲突的升级和调解的僵局便形成了。

因此，如何敏锐地识别纠纷中的情感问题，处理好当事人过激的情绪表达，帮助当事人清除阻碍有效沟通和问题解决的情感障碍，是调解工作中的关键性任务。当调解员发现当事人之间存在情感关系但面临问题时，就要注意修复情感；当发现当事人在情感利益和金钱利益之间有替代关系时，调解员需要利用这一点促进双方妥协；当当事人情感方面有负面情绪无法释放时，调解员就给当事人创造机会使其能释放情绪。

（一）愤怒

愤怒可以说是和冲突关系最为密切的情感，也是调解员最常需要帮助当事人应对的情感。“愤怒是和感觉到的不公平、不公正联系在一起的”。[①] 当我们相信自己成为不公正的受害者时，我们通常的反应是愤怒。[②] 愤怒如同兴奋剂一样，愤怒中的人们会感受到很强的生理唤醒，比如血压升高、心跳加速、呼吸急促等，与此同时愤怒的人们通常会感到被赋予了力量，想要给对手以狠狠的反击。当人们受到真实且重大的攻击时，产生报复的欲望是可以理解的。问题是当我们

① Young－Eisendrath，P. You’ re not what I expected：Love after the romance has ended. New York：Morrow Press. 1993.

② Mikula，G.，K. R. Scherer， and U. Athenstaedt. The role of injustice in the elicitation of differential emotional reactions. Personality and Social Psychology Bulletin. 1998（7）. p769－783.

愤怒时，我们会夸大这种攻击，寻求报复，然后将自己带进一个无效且浪费的冲突中。塔维瑞斯（Taris）对愤怒研究的成果认为愤怒是一种不加克制的表达方式，只会让别人更为愤怒，并不能以一种缓解情感的方式将之发泄出来。[①] 在冲突的情境中，如果一方愤怒地向对方宣泄自己的情绪，而对方则自认为一身正气地去对愤怒的指责加以回应，那么双方是不大可能商讨出问题解决的方案的。

那么调解员应当如何去应对当事人的愤怒情绪呢？面对当事人激烈的愤怒情绪，调解员可以先不急于与其讨论问题解决的方案，而将情绪问题的处理放在首位。

1. 给愤怒的当事人创造机会释放情感

有经验的调解员不会因为当事人双方的怒气冲冲便慌了手脚，我们应当清楚，在调解初期，纠纷双方带有怒气是很正常的，即便在开始的调解中，他们存在一些争吵也并不可怕，只要在可控的范围内，调解员无须干预太多，因为这恰恰是双方发泄情绪的一个机会，同时精明的调解员也会善于在这些情绪化的表达中去了解双方当事人的真实态度和感受。当然，一旦火药味过重，一方或者双方的情绪都有些失控了，调解员便必须出手干预了。调解员可以中止双方的谈话，而单独地和其中的一方进行谈话（往往是从愤怒情绪更强的一方先开始）。在这种单方会谈中，调解员首先要做的仍是先让当事人宣泄情绪，再进行安抚和讨论。情绪和情感的释放对于情绪激动的当事人来讲是重要的，在心理咨询和治疗中都非常强调倾诉和倾听的作用，所谓“一吐为快”，将心里积累的痛苦、挫折感、恐惧和愤怒等不良情绪宣泄出来，会帮助当事人恢复平静和理性。

2. 理解当事人的情感，使其获得抚慰

当愤怒的当事人在释放和宣泄情绪时，调解员要做的是努力地倾听当事人的心声，尽可能地去理解当事人的情感。好的倾听无疑会帮助调解员获得很多有效的信息，同时，如果调解员能够带着尊重和“同理心”去倾听当事人的感受，并且真诚地做出回应，会给当事人带来很大的心理安慰，既能安抚当事人的情绪，也能加强当事人对调解员的信任感。“同理心”是指站在当事人的角度和位置上，客观地理解当事人的内心感受，且把这种理解传达给当事人的一种沟通交流方式。通俗地说，同理心就是我们中国人常说的“将心比心”“感同身受”。

① Taris, C. Anger: The misunderstood emotion. 1982. Reprint. New York: Simon & Schuster/Touchstone. 1989.

案例 4.4　以“同理心”感化当事人，以一起抚养纠讼为例

在一个争夺抚养权的纠纷中，之前一直抚养着孩子的父亲态度强硬，坚持要一人独占抚养权，不愿意给孩子的生母“任何机会”，这时调解陷入了僵局。调解员是这样抚慰这位因为纠纷而疲惫并且愤怒的当事人的：“我是一位母亲，完全能够理解你对女儿的那份爱。孩子都是父母的心头肉，谁会愿意割舍、放弃？我相信沈某（孩子的生母）和你的心情是一样的，你们都很爱自己的孩子，都希望他们健康成长、幸福快乐，所以你们任何一方都不应该自私地剥夺孩子应该享有的父爱或者母爱。你和沈某住得很近，如果孩子能够定期和你或沈某生活一段时间，既不会影响孩子的生活和以后的学习，又可以同时享有父爱和母爱，这样岂不是对孩子的成长更为有利？你们也不用担心会失去孩子了。”[①] 调解员不仅用“同理心”去抚慰当事人，也用“同理心”去感化了当事人，劝说他也感同身受地去理解孩子的母亲的痛苦和希望。

3. 有时调解员还需要帮助当事人减少恐惧

愤怒也是一种和恐惧相连的情感。恐惧是和剧烈冲突相关联的最重要的情感之一。大部分的满含怒气的交流中，都隐藏着恐惧和伤害。因此，当事人承受住冲突的关键是要远离恐惧。[②]

案例 4.5　安抚当事人恐惧情绪，打开弱势者心门的关键

在一个争夺孩子的抚养权的纠纷中，双方当事人（孩子的父母亲）离异后，女方沈某一直居住在娘家，其身患重病、丧失了生育能力，并且因为治病的巨额医药费而负债在身，而孩子一直随父亲生活，沈某多次去探望孩子，却被前夫及家人阻拦。当负责调解的法官第一次约见沈某时，沈某一见到法官就哭诉：“法官，我要孩子，我要孩子……”她手脚发抖，眼泪不止，情绪也异常激动，法官从沈某的妹妹处了解了基本情况后，安慰沈某道：“不要着急，儿女都是父母的心头肉，你不会失去女儿的。”法官的抚慰是帮助当事人减少可能会失去女儿的恐惧感，恢复情绪平静的关键。沈某听了法官的宽慰后，心情平静了很多，法官又耐心听取了沈某一番倾诉，沈某对承办法官有了信任感，话也渐渐多了

① 材料来源：轮流行使子女抚养权——顾某某诉沈某某离婚纠纷案，参见：沈志先等：《调解精品案例选》，法律出版社 2012 年版，第 7－11 页。

② Combs，D. The way of conflict：Elemental wisdom for resolving disputes and transcending differences. Novato，CA：New World Library. 2004.

起来。①

当然还存在这样的情况，调解员已经做了很多工作，但是由于双方当事人矛盾尖锐或者因为双方的个性原因、对于公平感或利益的执着，都怒气冲冲、不肯退让、态度强硬，使调解过程一再搁浅。这时，调解员可以有意识地放慢调解工作的脚步，强行推进只能适得其反，不能操之过急，可以通过冷处理，给双方机会冷静，以待最佳时机再度介入。

（二）公平感

作为调解员，最希望看到的是双方当事人能够找到“双赢”的问题解决方案，也就是双方都能从达成的协议中最小化损失、最大化收益。如果双方当事人都是纯粹理性的，那么问题就简单很多了，只要是对个体而言能够获利的方案，双方都不会拒绝。但调解员们不难发现，事实却往往不是这样。在很多纠纷中，有些当事人常常表现出“争气不争财”，宁可与对方争得两败俱伤，也不能“便宜”了对手，因此做出许多“损人不利己”的决策。也许我们会说这样的当事人太不理智，太感情用事，但是作为当事人而言，也许他们的这些行为决策都源自一种简单的情感，那就是公平感。不仅仅是他们，绝大多数人们的行为决策都会受到公平和公正的影响。

请你设想一个这样的情境：

你正在旅途，坐在飞机靠过道的位子上，靠窗的位置坐着一个衣着考究的商人M，你和M中间坐着一个老妇人V。飞机起飞30分钟后，V打断了你和M的交谈，告诉你们她很富有，在飞机上感到无聊，想通过玩游戏来消磨时光，然后她从皮夹子里抽出50张100美元的钞票说：“如果你们同意如何分这5000美元，我想把它给你们两位，但我有两条规则：首先由M来决定这5000美元如何分配，然后你（读者）来决定是否接受这种分配方案。如果接受，你们就按照M提出的方案分这5000美元；如果你不接受，那么你们两位都将一无所获。”你和M都同意玩这个游戏。M想了想说：“我建议这样分：我得4900美元，你得100美元。”现在轮到你做决定了！你同意这样分配吗？②

这是心理学家设计的一个情境实验，在回答这个问题时，大多数的人都可能

① 材料来源：轮流行使子女抚养权——顾某某诉沈某某离婚纠纷案，参见：沈志先等：《调解精品案例选》，法律出版社2012年版，第7－11页。

② 马克斯·巴泽曼：《管理决策中的判断》，杜伟宇、李同吉译，人民邮电出版社2007年版，第175页。

会拒绝这种分配方案。但很显然，拒绝这种分配是违背经济理性的，因为如果你接受的话，双方都会获益（M 得到 4900 美元，你得到 100 美元），但如果你因为种种原因而拒绝的话，你就背离了财富最大化的自利原则。但研究证实了人类并不是纯粹的经济理性的动物，人们会有各种理由去拒绝这 100 美元：不想接受不公平的分配，不想让 M 因为你的同意而获利。还有人可能会说，自己通过惩罚 M 这种自私自利的分配方式，维护了社会的整体公平。可见，人们通常愿意得到他们认为公平合理的结果，因此，如果对方贪得无厌，他们宁愿付出代价，也要惩罚对方。

利用脑成像技术可以帮助我们理解在这种情境下当事人心理活动情况。核磁共振成像技术（MRI 技术）的新进展使科学家可以在即时情景下看到血液如何流向大脑的不同部分。科学家们可以利用 MRI 技术来确定，在不同的分配方案下，当事人的大脑哪个部位会被激活。桑菲（Sanfey）等人让当事人从另一个人或电脑那里得到分配方案（公平的或者不公平的），并扫描他们的大脑，发现不公平的分配比公平的分配引起的大脑激活程度更大，当这种不公平分配是人为而非电脑做出时，激活程度最大。① 当游戏者在考虑不公平分配方案时，大脑中与消极情绪状态相联系的区域被激活了。因此，我们就可以理解，为什么当事人在感受到不公平时，会有各种激烈的负面情绪反应，比如愤怒、郁闷、压抑等。

那么当调解员发现当事人受到公平感的影响而拒绝去与对方合作时，应当如何做呢？

1. 尝试着从另一方当事人入手

如果一方当事人确实因为另一方当事人而遭受了不公平的对待而气愤难平，使调解员感到有些棘手的话，调解员可以尝试着从另一方当事人下手，向其阐明能否平复对方因不公平感而带来的气愤是和解能够达成的关键，并鼓励其主动地做出让步或者向对方真诚的道歉；在道歉中表达自己的同情心和同理心：承认自己的错误，表示自己的歉意以及请求对方的原谅；调解员也要帮助忿忿不平的当事人看到对方道歉和让步的诚意，鼓励他们谅解、原谅对方。

2. 鼓励当事人换位思考以消除因自我服务偏向而带来的不公平感

有时，当事人的不公平感的来源可能并不是实际上的不公平，而是自我服务偏向（Self Serving Bias）。社会心理学的研究发现，自我服务偏向在人群中普遍

---

① Sanfey, A. G., Rilling, J. K., Aronson, J. A., Nystrom, L. E., and Cohen, J. D. The neural basis of economic decision - making in the ultimatum game. Science. 2003. p300, p755 - 758.

存在。自我服务偏向让我们觉得自己在很多方面都比他人要强（特别是在品质、道德等主观方面），自己在很多方面做得要比他人多。罗斯（Ross）和西科利（Sicoly）研究了婚姻中的自我服务偏向。他们发现，加拿大已婚的年轻人通常认为，他们在清理房间或照顾孩子这些方面所承担的责任比配偶认为的要多。① 在一个美国全国性的调查中，91%的妻子认为自己承担了大部分的食品采购工作，但只有76%的丈夫同意这一点。② 在其他研究中，妻子们对自己所承担家务的比例的估计，也高于丈夫们对她们的评估。③ 这些有关承担责任的自我服务偏向会导致婚姻不和、员工不满和讨价还价的僵持局面。因为自我服务偏向很容易给当事人带来不公平感，并且认为自己做出的让步总是比对方更大，因而会坚持自己的立场而不愿做出任何退让。这种情况下，调解员可以帮助当事人更多地关注对方的贡献、诚意、努力和让步，要劝说当事人换位思考并不是太容易，因此可以多用前面提到过的生动性信息来影响当事人。比如调解员可以通过劝说另一方先采取单方的和解行动，不管多么微小，都尽量营造出一些有形的证据，并指出这证明了该方愿意放弃某些事物，忠于和解进程。

3. 通过几个方案的比较，引导当事人关注自身利益而并非情感

布朗特（Blount）和巴泽曼（Bazerman）曾经做过一个这样的实验④：他们将招募来的被试者分为三组：一组潜在参与者参加40分钟的实验将得到7美元，并知道所有被试者都会得到7美元；另一组被试者参加40分钟的实验可以得到8美元，并知道有的被试者可以随机得到10美元（依据他们的社会保险号码的最后一位数字）；第三组有机会选择：A参与40分钟的实验，每个人得到7美元；B参与40分钟的实验，有些被试者，包括他们自己，得到8美元，而其他人得到10美元；或者C不参加实验。尽管第一组（72%）比第二组（55%）有更多被试者选择参与实验，但第三组被试者的大多数（56%）选择参加自己得到8美元，而其他人得到10美元（16%选择每个人得到7美元；28%选择不参加）。因此，在评价是否参与某一具体的实验时，其他潜在被试者的结果是关键

① Ross，M.，and Sicoly，F. Egocentric biases in availability an atrribution，Journal of Personality and Social Psychology. 1979. p37，p332 – 337.

② 戴维·迈尔斯：《社会心理学》（第8版），侯玉波、乐国安、张智勇等译，人民邮电出版社2006年版，第48页。

③ 戴维·迈尔斯：《社会心理学》（第8版），侯玉波、乐国安、张智勇等译，人民邮电出版社2006年版，第47页。

④ Blount，S.，and Bazerman，M. H.. The inconsistent evaluation of comparative payoffs in labor supply and bargaining. Journal of Economic Behavior and Organizations. 1996. 891. p1 – 14.

的。然而，当存在多个机会时，被试者能够比较不同实验的收益，他人收益就变得不那么重要了。如果我们一次评价一个选项，则会比较迅速产生情感反应，这会显著影响到选项的可接受性。但如果同时与好几个选项存在，就会出现更为理性的评价，我们就会更少地把重点放在情感信息上，而是比较工资信息或程序公正问题。

（三）公开承诺与“面子”的维系

案例 4.6　公开承诺后难说服：以一起公交车吸烟纠纷为例

笔者曾经在公交车上目睹过一个这样的小纠纷。时值春节前，正是寒风凛冽的季节，公交车上满满当当地挤着乘客，窗户紧闭着。虽然车上贴着车内禁止吸烟的警告，但坐在笔者身边的一名中年男子，还是点燃了手里的香烟。当他吐出第一口烟圈时，便引起了周遭乘客的反感，笔者正在心里盘算该如何给这位先生提意见，就听见在旁边站立着的一个年轻小伙子大声说道：“车上严禁吸烟，你这人怎么这么没素质！”正在享受香烟的男子一下被惹怒了，大声还击：“我就是要吸，关你什么事?!”小伙子更加生气：“素质低！素质低！”吸烟男子对其嗤之以鼻，一副大义凛然的样子。这时周围有的乘客出来说话了，有人说：“哎哟，车上这么多人，又关着窗，吸烟不大好。”还有人说：“小伙子说话是不客气，不过在车上吸烟确实不好，你就把烟灭了吧。”……吸烟男子激动的神情渐渐缓和了下来，面对众人的劝说，他沉默着，仿佛思考了一阵以后，他把身边的车窗打开了一条缝，但是那支点燃的香烟，一直夹在指间，直到他下车，虽然他再也没有吸上一口。

这个案例算不上是一个需要调解员去干预解决的纠纷，但是吸烟男子却有着和许多纠纷中的当事人一样的心理规律和活动过程：他在公交车上吸烟，这一行为本身便是不占理的。我们相信，即便他的吸烟举动可能无意识的，但等到遭到人们的提醒和反对时，他不可能完全意识不到自己的问题；但是为什么小伙子“义正辞严”地指责他时，他却也理直气壮地表示“就是要吸”，并且直到下车也并未灭掉他手中的香烟呢？有经验的调解员肯定会清楚，小伙子虽然做出了“有正义感”的行为，但是方式并不大合适。他用激烈的公开指责（并且要考虑到是在公众场合下）方式，想让吸烟男子改变他的行为，但是这种有攻击性意味的指责激起的是吸烟男子的逆反情绪和反击，并且直接刺激他当着众人的面，做出了“公开的承诺”——“我就是要吸！”（也就是“我是不会改变我的行为的！”），一旦公开承诺做出，虽然之后众人的劝说使吸烟男子可能意识到了自己吸烟行为的错误，但他仍然坚持，只是选择了沉默和打开车窗的行为方式去“弥补”一下自己的过失。

社会心理学的研究发现，一旦当事人做出过某种公开承诺，再试图去说服他改变决定和行为就比没有做出过公开承诺的当事人要困难得多。有关冲突升级的文献也预测，如果谈判者坚持他们最初的公开声明，他们将会非理性地拒绝考虑一切让步。因为人们都想在他人面前保持自己言行一致、说一不二的形象，而对于中国人而言，“面子”则更是在调解中不可回避的一个问题。在社会心理学的角度来看，面子是在人际交往中依据自我表现做出的自我评价，希望自己在别人心目中所应有的心理地位，它与身份、地位、角色相联系。面子代表所获得的声望、拥有的社会地位，包括个人的成就和品质，是一个人经社会认可的“自我”和影响力的代称。在中国文化的调解中，我们常会发现“面子问题”是双方当事人僵持不下的直接原因，甚至在有些纠纷中，“面子”和“关系”的修复要比利益的争取要重要得多。那么作为调解员，我们需要十分注意的是：首先，要避免双方当事人在针锋相对的辩论中，迫使对方做出某些极端的公开承诺。调解员一旦意识到当时的情况潜伏着此种危险时，就应当及时中断双方当事人逐渐冲突升级的对话；其次，调解员也要善于发现在所处理的纠纷中，“面子”所扮演的角色和发挥的作用，并且有效地利用“面子”促成和解。

（四）弱势及情绪

在许多纠纷中，常有一方处于强势，而另一方相比之下极度弱势的情况。弱势的一方常常会感到失去力量和极度焦虑。而当弱势的一方意识到无论他们多有理，他们的需求总是得不到满足时，他们便会感到并表达挫败、恼怒及愤怒。在更严重的情况下，他们会觉得对于改变现状无能为力、感到失望，便会放弃、退缩和“沉默”。调解员要特别注意的是，弱势的一方的这种“沉默”不但不利于和解，对当事人本身和社会来讲也是危险的，甚至比明确表达的愤怒更加危险。因为这种“沉默”是带有压抑、绝望、愤世嫉俗以及无处而发的怨愤，所有这些都会使当事人拒绝沟通、拒绝用理性去思考和解决问题，而寻求通过一些伤害他人或自己的方式去释放自己压抑的情绪。

案例 4.7　理解弱势者的情绪：一起离婚后财产纠纷的解决

在一起夫妻离异后的房产分割案件中，法院判决房屋归男方张某所有，张某给付女方王某房屋折价费 32.55 万元；王某应在收到房屋折价款之日起，迁出上述住处，自行解决住房。王某不服一审判决，向二审法院提出上诉，二审维持原判。案件生效后，张某向法院申请强制执行并准备好房屋折价款，要求王某从系争房屋中迁出，但王某拒绝搬离。当接到执行通知的王某来到法院后，法官还一句话都没问，王某也一句话也未答，便拉开必死架势，直接对执行法官撒泼，声称："你们要是让我迁出房子，我就只有死路一条了，还不如今天就死在你们法院，大家都清静了。"与此同时，执行法官细心地观察到，王某衣着凌乱、眼神迷离、面庞惨白，暴露在衣服之外的皮肤上还有着一块块溃烂的伤口。这使得执行法官心中顿生疑云：40 岁出头的王某，离婚后为何弄得仿佛连生活自理能力都没有了呢？因此，执行法官避开执行案情不谈，和风细雨地安抚着王某的情绪。而渐渐平复了情绪的王某却仍然难以沟通，只是静静地呆坐着，嘴里除了重复着"不搬、不搬、不搬"外，再也没有一句话。第一次的执行谈话就这样结束了。之后，执行法官再次详细查阅了该案的原审卷宗，约谈了申请执行人张某，并多次到王某居住地周围走访，对案件起因以及王某的财产情况、住房情况、社会关系等作了全面仔细的调查。最后查明：王某早年父母双亡，在当地已无其他可走动的亲戚朋友，自身也没有工作。王某与张某离婚后，儿子随张某共同生活，她一人独居在系争房屋中，很少外出，也很少与周围邻居交流，就这样一个人孤独地生活着。而张某为了迫使王某搬家，自己和儿子在外借住，将系争房屋中的水电煤供应全部切断，破坏了卫生设施。时值酷暑盛夏，本来身体欠佳的王某在极其恶劣的生活环境下感染严重的皮肤病，并且精神上也受到刺激，思维变得越来越偏执，曾经几次试图自杀，已经无法正常生活、工作，目前只能靠政府的低保勉强度日。①

案例中的王某属于社会中的弱势群体，在此案中，也属于非常弱势的一方，双方争执的关键在于王某不肯搬离被判给张某的住处，在房屋的水电煤被断、生活条件极差的情况下，王某仍然坚持着。而为何不搬？需要怎样的条件才愿意搬走？——王某甚至不能和执行法官交流这些问题。王某感受到自己的弱势和无力，也许觉得说出来也没有用，因此除了偏执地坚持不搬，也没有任何想要主动解决问题的愿望。所幸的是此案中的执行法官通过第一次与王某的会面，就发现了王某的"不对劲"，同时也细心地对王某的情况进行了调查和了解。当执行法官发现了王某的典型弱势处境和心理之后，首先想到的是帮助王某改善目前的生活困境。执行法官找到张某劝说其恢复了住所的水电煤供应；又与相关街道、居

① 案例来源：她终于搬进了新居——张某某申请执行王某离婚后财产纠纷案，参见：沈志先等：《调解精品案例选》，法律出版社 2012 年版，第 352 – 356 页。

委会、司法所取得联系，希望可以确认王某作为扶贫对象予以生活上的帮助。之后，执行法官亲自到系争房屋找王某谈话。当执行法官走进王某异常脏乱闷热的小屋，为王某打开吊扇开关后，王某不禁潸然泪下，哽咽地说："法官，我都记不清上次吹电扇是什么时候了，我热啊，我难受啊。早知道法官能帮助我，上次我就跟你说了。"王某对执行法官打开了尘封已久的话匣子。从王某混乱烦琐的絮叨中，执行法官捕捉到了王某真正的内心想法，通过多次的协调和两个和解方案的尝试，最终，王某顺利迁出，搬进了新居。

当调解员面对极度弱势的群体时，需要的不仅仅是优秀的调解技巧和专业知识，更需要悲天悯人的情怀。只有真诚地去倾听、去了解、去同情他们，给予他们实在的帮助和力量，才能改善他们的无力感、沉默和绝望；给予他们尊重和耐心的倾听，让他们知道他们的话也有人愿意听，他们的想法也有人想要了解；给予他们一些实际的帮助，让他们知道他们的倾诉是有用的，调解员是愿意也能够帮助他们的，同时也鼓励他们意识到：通过大家的努力，是可以积极地解决的问题的。

【本章小结】双方达成协议的动机是调解成功的重要推动力

许多纠纷无法得到有效的解决，是因为当事人双方可能存在一些来自于认知和情感方面的阻碍。这些阻碍可能会使当事人将打败对方视为自己的目标，持有过高的期望值和过度的自信而不愿意让步，因为纠结于过去的投入和损失而不愿意面向未来寻求建设性的问题解决方案；因为对对方的偏见而不愿意好好沟通或者因为一些非理性的因素而执着于自己的立场、缺乏解决问题的动机。实际上，所有的来自于认识和情感上的障碍，最终都是通过影响争议双方达成和解协定的动机，从而阻碍调解的顺利进行的。作为帮助当事人解决纠纷的第三方，调解员的一个重要任务是增加双方达成协定的动机，也就是帮助双方清楚各方面的束缚和阻碍，发自内心地想要为达成和解、解决问题而做出努力，这是调解成功的重要推动力。普鲁特（Pruitt）和金盛熙（Kim）在《社会冲突》中总结了调解者在这一点上需要做到的几方面的工作①：

① 普鲁特、金盛熙：《社会冲突：升级、僵局及解决》（第3版），王凡妹译，人民邮电出版社2013年版，第286－291页。

1. 促使双方认识僵局

试图说服双方当事人承认他们陷入了僵局——他们并没有紧握胜券的把握，理应有向对方让步的心理准备。如果调解者能搜集足够的证据证明这一论点，那么劝说更可能成功。

2. 鼓励乐观主义精神

乐观主义精神是促使双方当事人开启对话并积极沟通的另一个动机因素。调解者可以建立双方彼此的信任感，敦促他们相信彼此有很多共同之处，适得其所地鼓励乐观主义精神，让当事人感受到：只要启动了调解程序和做出努力，那么就有可能达成协定，而不是徒劳无功。

3. 鼓励让步

在单方会谈中，时机适当时，调解员应当向期望值过高的一方指出他的期望值的不合理之处，应当适当降低。可以告诉当事人，如果另一方不接受他的方案，那么这个方案无法实施，即便再坚持也没有意义；又或者局势正在恶化，如果不及早让步，进入诉讼程序也得不到任何好处。

4. 平复情感

面对纠纷带来的诸如愤怒、憎恨和沮丧等强烈的如同热蒸汽一样的情感，调解员一方面要限制双方会谈中双方不加节制的强烈情感表现，另一方面还要帮助当事人识别己方和另一方的情感，包含同情心而又脚踏实地、不带惩罚之心地处理这些情感。通过带有同理心的有效倾听和适当的幽默，帮助排掉“热蒸汽”，使当事人冷静下来，推动双方朝解决差异的方向迈进。

5. 增加时限

调解员有时可以单方面建议或强制实施最后期限来推动双方采取行动。双方当事人面临时间限制时，如果协定不能按时完成，迫于压力必须认真对待可能付出的代价，这会使他们更可能达成协议。但是切不可操之过急，因为双方当事人需要时间来降低自己的期望值或形成创造性思维，这都是整合式解决方案所必需的。[①] 因此调解员在解决方案已经成形或者提出之前，必须耐心等待，只有解决方案已有眉目，才能强加最后时限。

---

① Carnevale, P. J., & Lawler, E. J. Time pressure and the development of integrative aggrements in bilateral negotiation. Journal of Conflict Resolution, 1986 (30). p636 –659.

第五章　促成双赢的问题解决

调解指向的目标是帮助双方达成和解协定。在简单的纠纷中，也许双方当事人很快便能自动达成和解；也许当谈判双方都能凭借纯粹理性行事时，他们能够如同博弈论所假设的那样，根据各种可能的决策结果效用所给出的规范性建议来选择行动策略。但是在现实生活中，需要调解员进行干预的纠纷往往是复杂的，可能会涉及不止一个问题。而现实生活中的谈判双方往往也并非是由一些完全理性、绝顶聪明的人组成。那么作为调解员，一个重大并且关键的任务便是向现实谈判冲突中的谈判者提供最实用的建议，如何选择最佳策略使双方不再僵持不下，能够达成和解，甚至实现双赢。要达到这一目标，调解员首先需要对阻碍和有助于问题解决的思维方式和问题表征方式有清楚的了解，掌握更优的思考方式；其次帮助当事人进行客观的问题识别与利益排序，清楚地辨明自己与对方的立场与利益，并对己方利益进行排序，帮助当事人思考最优和最差的替代方案；最后创造性地重塑问题，拓宽思路，找到积极有效的问题解决策略。

一、谈判空间与问题解决策略

谈判空间是纠纷当事人就该纠纷如何解决所给定的可能的范围。谈判空间越大，双方可以讨价还价的余地越大，纠纷越容易通过妥协的方式解决；相反，谈判空间越小，那么双方讨价还价的余地就越小，要想通过妥协的方式解决纠纷就越困难。

凡是当事人自愿选择调解程序的，那么这个纠纷的解决总有一定的谈判空间。因为如果当事人的意愿是真实的，那么当事人其实已经对谈判空间有了一个大概的把握，在完全没有空间的情况下，当事人是不会选择进行调解的。但如果从另外一个方面说，当事人之所以选择调解，显然他们之间谈判的空间还没有大到能够比较容易的达成和解的程度。

一个有经验的调解员在解决问题的时候往往会把握谈判空间的拓展问题。从心理学的角度而言，当事人之所以不能自己解决问题，是因为在他们心目中谈判空间就这么大，即使自己让步，对方也不会让步到令自己满意的境地。

在本书的第一章中，我们提到冲突是指两个或两个以上主体之间基于某种竞争性诉求，产生的从心理到行动的持续对峙过程。冲突是有目标的，包括权力、利益、地位、观念、价值或信仰，且冲突各方都意识到追求的目标具有不相容性，基于不相容目标产生主体行动上的竞争与压制；冲突是主体实现目标的交互行动最终形成冲突的实际状态。威尔莫特（Wilmot）指出，之所以出现冲突，是因为人们之间出现“被认为不可调和的目标”以及“被认为稀缺的资源”。[①]之所以出现纠纷以及纠纷无法自行解决，一个很重要的因素就是因为当事人自己确信的谈判空间太小，他们认为自己与对方之间存在不可调和的目标。比如说，当事人往往将谈判视为是零和博弈，即己方的收益必须以对方的让步为前提。这种情况下当事人往往形成敌对情绪，进而拒绝沟通、强化纠纷，导致纠纷无法解决。而另一方面，当事人自己认为的谈判空间往往是单一的，比如认为纠纷只能通过支付金钱赔偿的方式来解决。但是事实上，很多纠纷的谈判空间往往可以是立体的，比如既可以通过金钱赔偿方式，也可以通过金钱赔偿与道歉、进一步合作等方式来解决纠纷。

谈判空间的扩展性界定能够给和解带来契机，是纠纷解决中的重要策略。下面将分析单一的谈判空间和立体的谈判空间、妥协的问题解决策略与整合的问题解决策略。

（一）单一的谈判空间与立体的谈判空间

案例 5.1　单一的积极谈判空间：MBA 毕业生求职在薪水问题

一个毕业于名校 MBA 专业、极富才能的学生，正应聘一个很专业的职位。企业和这位雇员在薪水以外的所有问题上都达成了协议。企业出价年薪 15 万元，而这个雇员还价到 22 万元。双方都认为已经给出了合理的出价，但双方也十分希望达成协议。在没有经过进一步谈判的前提下，这个学生的真实想法是愿意接受任何出价高于 18 万元的职位，而不是失去这个机会。而企业则愿意最高支付 20 万元，而不是失去这位求职者。[②]

① 威尔莫特、霍克：《人际冲突——构成和解决》（第 7 版），上海社会科学出版社 2011 年版，第 14－16 页。

② 案例改编自：马克斯·巴泽曼：《管理决策中的判断》，杜伟宇、李同吉译，人民邮电出版社 2007 年版，第 155－156 页。

在这个案例中，双方都有保留点，也就是我们平时所谓的“底线”，低于（或高于）这个点，谈判者便宁可放弃也不会达成协议。在这个案例中，双方的保留点有重叠，因此存在一套双方均认为好于僵局的解决方案——所有的点都在18万元到20万元之间，这个区间被称为积极的谈判空间（如图5.1所示）。当存在积极的谈判空间时，调解员的任务是摸清楚双方的底线，找到积极谈判空间的区间，并帮助双方当事人在这个区间内找到最后能够达成和议的协调点。但是大多数现实中的纠纷往往没有这样简单，往往涉及几个或更多有分歧的问题。如果只将双方的争执放入一个单一的谈判空间中进行考量的话，往往会存在双方当事人声称的底线相差悬殊，不存在重叠，这时便不存在积极的谈判空间，调解便陷入僵局。因此只从单一的谈判空间去考虑纠纷的解决，可供选择的策略往往也是单一的，即希望双方都各退一步，降低各自的底线。但在单一消极的谈判空间中，谈判双方往往很难主动地做出退让。因此单一的谈判空间往往也意味着更大的陷入僵局的风险。这时，立体的谈判空间的思维方式能够更帮助我们找到更有创造性的问题解决策略。

图5.1 单一的积极谈判空间图式

案例5.2　以立体谈判空间策略实现双赢：大红狗餐厅租约纠纷案

在一个餐厅租赁纠纷案中，房东弗兰克有一处商业地产。该房产在上一个租约到期之后就没有租出去，因此弗兰克降低了价格招租，在招租一年后，弗兰克终于找到了一个租客安。安计划开一家大红狗全国连锁餐厅。安之前在一家医院做护士，但她更喜欢做厨师。她曾在法国菜烹饪大赛中获奖，并有餐厅经营的相关经验。

安打算将弗兰克的商铺用于一家著名的大红狗连锁餐厅的特许经营。出租协议上记载每月租金1000美元，加上3%的总利润额，租期为五年。租约规定房东弗兰克按照安的要求对店面进行装修，装修的费用由弗兰克负担，协议还约定安向弗兰克支付2000美元的定金。

合同签订后安立即支付了2000美元定金，弗兰克也开始装修店面。在弗兰克为装修花了2500美元，租客安为店面添置了新的设备后，大红狗餐厅传出濒临破产的消息。

安希望停止租约，弗兰克不同意。弗兰克要求承租人要么继续履行租约，要么支付80000美元的赔偿金。安不同意弗兰克的要求，因此弗兰克将商铺的锁换掉。商铺内现在有安为了开业购买的厨具设备等。

在该案正式开始调解之前，大红狗连锁餐饮公司已经破产。①

在进行调解之前，双方的态度和立场表明双方存在一个消极的谈判空间。也就是说，将双方的立场放入一个单维的谈判空间考虑，双方的立场很难调和——一个要求支付80000美元的赔偿金（图5.2中的A），而另一方则觉得自己的损失已经很大了，根本无法接受任何的赔偿要求，一心只想结束这段租赁关系，要回自己被锁在店内的设备，甚至还想房东退回自己支付的2000美元定金（图5.2中的B）。如果在这样一个单一的问题空间中讨论这起纠纷，那么所有的讨论可能都在围绕双方的损失是谁的责任，并且就赔偿金额进行讨价还价，最终能够采用的策略无非也是妥协式的策略，即双方在坚持的立场上各退一步，比如折中地考虑赔偿金额的问题（图5.2中的C）。但这样的解决策略双方也许还是会不满意，并且仍然会遭受到不少损失。在这个金钱纠纷案件中，双方并没有个人恩怨，在乎的仅仅是自己的经济利益，如果着眼于双方的未来，那么问题空间就可以扩大，不仅仅是单一的谁赔偿多少钱损失的问题了，而是有什么别的办法（不是终止合作，而是继续合作）能够使双方在未来一段时间都有可能盈利。经过调解员与双方的沟通和分析，特别使用到了问开放性的问题、引导双方着眼未来，跳出法律立场的限定，商讨出了双赢的问题解决策略，即：安既然有经营餐馆的意愿和天赋，又已经为租赁店面、采购设备付出了自己的所有的积蓄，只有继续与弗兰克的合作，把餐馆开起来，才可能不浪费这些本钱，并且获利；而弗兰克是花了挺长的时间才找到安这样一个租客，如果终止合同，要重新把商铺租出去也需要花费不少的时间，这对弗兰克而言也是一笔损失，同时安已经花光了所有积蓄，面临破产的境况，即便弗兰克去打官司获胜，安也不可能拿出80000美元赔偿给弗兰克。因此，如果不终止合同，对弗兰克来讲更实际也更有好处。在这样的思路下，调解员进一步引导双方讨论继续合作的可能性和困难之处，并商讨出解决这些困难的办法。比如：安原本打算加盟的大红狗餐饮公司破产了，但安还可以开一家清真餐厅，她早就有过这种打算，并且也有开清真餐厅的能

① 案例来源：廖永安、覃斌武、罗伯特·史密斯：《如何当好调解员：美国调解经典案例评析》，湘潭大学出版社2013年版，第47页。

力；但是以安现在的境况无力支付更多的资金，也需要一段时间来发展业务。在调解员的提醒和引导下，弗兰克主动表示可以采用开始阶段较低的租金，再慢慢提高的方式，并且双方经过讨论确定了具体的比例和租约的具体方案。在这样一个立体的谈判空间中，突破了之前单一的、消极谈判空间的局限，整合了双方各自的利益，实现了双赢（图 5.2 中的 D）。

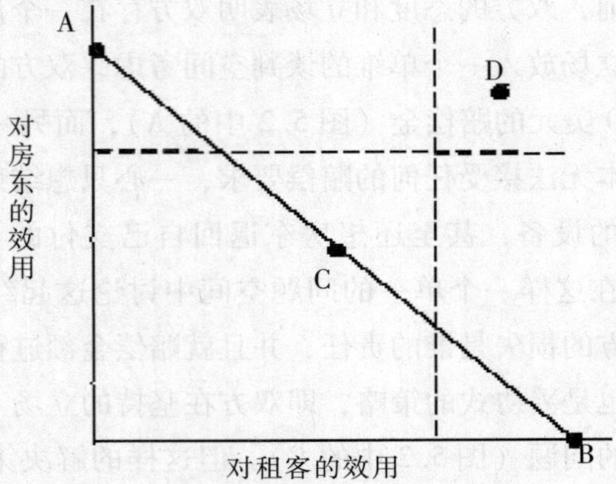

图 5.2　立体的谈判空间图式

可见，将问题置于立体的谈判空间会比在单一的谈判空间中获得更多更好的问题解决策略。尤其是在现实社会生活中的许多纠纷中，涉及的问题往往不仅仅是单一的金钱问题，那就更需要将纠纷置于立体的谈判空间去考虑。如前文中提到的，之所以出现冲突是因为人们彼此争夺“被认为稀缺的资源”。金钱、自然资源和工作机会等显然是稀缺资源，但是还有一些无形的东西，比如关爱、敬意、关注等都可以被视为稀缺资源。比如当事人认为金钱赔偿比较重要，但是也希望出一口气或者维护自己的声誉，而这些多元化的方式或者内容有一定的替代关系或者有轻重缓急之分，当事人可以取舍。在冲突中，有两种资源往往被视为稀缺资源：权力和自尊。不论争执的内容是什么，冲突各方总是认为他们拥有的权力太少，得不到别人的尊重，而对方两样都不缺。① 事实上，权力和自尊这两种稀缺资源在一定程度上是可以互换的，比如多尊重对方，给对方台阶下，往往能够减少人们对权力的急切需求。造成单一的谈判空间的原因多种多样，比如说带偏见的错误归因、价值诉求单一、固守法律依据、不能区分利益和立场等。

① 威尔莫特、霍克：《人际冲突——构成和解决》（第 7 版），上海社会科学出版社 2011 年版，第 16 页。

1. 错误的归因

所谓归因，即归结行为的原因，指个体根据有关信息、线索对行为原因进行推测与判断的过程。按照“冲突归因模型”，个体感知到的情境是与现实并非完全符合的，只是真实情境在人脑中呈现的影像，这个影像是经过个体的加工之后的，可能会发生一定程度的扭曲。由于各种归因偏差机制的普遍存在，以及不同个体归因风格的不同，冲突归因的结果往往存在偏差，人们往往无法经过简单的心理活动得出准确的因果分析。因此，即使冲突情境有多个诱发因素，通过冲突归因得出的诱发因素可能只是其中的某一个或某几个，有时甚至得出错误的结果。

2. 价值诉求单一

从心理学的角度而言，当事人之所以不能自己解决问题，往往是因为他们对纠纷以及纠纷的解决方式有误会。比如说，当事人往往将谈判视为是零和博弈，即己方的收益必须以对方的让步为前提。在纠纷出现的过程中往往有一种心理现象：当事人往往基于已知的信息将情况往坏处想，这种情况常常导致价值诉求单一。一件纠纷出现之后，当事人本来可以有多种价值诉求，但是却被情绪蒙蔽眼睛，只考虑一种价值诉求。这种情况下当事人容易形成敌对情绪，进而拒绝沟通，导致纠纷无法解决。

3. 固守法律依据

固守法律依据也会让谈判空间单一化。在当代中国，民众依法维护自身权益的意识越来越强，但是由于法律的专业化和法律本身的抽象性，导致民众对相同的法律条款的理解往往存在巨大差别。而在程序法、证据法不发达以及律师代理没有广泛普及的前提下，当事人对于诉讼的前景会有截然相反的预期。坚持自己对法律的理解是信息不对称情形中最重要的一种，也是最难克服的一种。既然当事人从法律出发坚持认为法律支持自己的立场，那么当事人就完全不会考虑其他方式去解决纠纷，因此不可避免地会造成谈判空间单一。

4. 无法区分立场和利益

无法区分立场和利益也是造成谈判空间单一的一个重要原因。立场是双方当事人对争议的态度和主张，这与立场背后的利益（Interest）不同。例如一对室友甲和乙因为争抢一个橘子而发生争执，双方都想要橘子，这是双方的立场。但是为什么要橘子，则是双方想要橘子的利益所在。立场冲突的情况下，利益不一定冲突，但当事人却往往不理解对方的立场。如果能够得知对方立场背后的利益便能在一定程度上理解对方。如果仅仅以立场为基础展开谈判，那么谈判空间一定是单一的。

（二）妥协的问题解决策略与整合的问题解决策略

案例5.3　运用整合的问题解决策略：阅读室如何通风但不直接开窗

在一个图书馆里有两个人在读书，一个人想开窗，一个人不同意开窗。双方在开始阶段陷入了争执。后来双方对开窗和不开窗的理由进行了交流，想开窗的人是希望能够呼吸到新鲜空气，而不想开窗的人不希望窗户打开被北风直接吹到。后来他们形成了一个方案：打开旁边阅读室的窗户，然后打开这个阅读室和旁边阅读室之间的门。①

在这个冲突的解决中，双方刚开始采取的是妥协的问题解决策略，但是由于双方的立场直接对立，因此无法达成妥协。后来双方尝试了解对方的需要，并且寻求一种方法能够同时满足双方的需求——这种方法就是整合的问题解决策略，强调双方共同需求的最大化，其解决方案往往是创造性的。整合的问题解决策略看重与对方的关系，要求互信，并建立在充分透露相关信息的基础上。

妥协的问题解决策略是竞争性谈判采取的问题解决方式。竞争性谈判（Competitive Negotiation）是指在双方对纠纷的理解固定的情况下，通过一方或者双方的妥协来解决纠纷。在竞争性谈判中，冲突的双方当事人对特定的稀缺资源展开竞争，因此竞争性谈判的当事人不会关心和对方的未来关系，他只是努力将利益最大化，损失最小化。竞争性谈判假设双方的目标是直接冲突的，一方获得的是另一方失去的。而整合的问题解决策略是合作型谈判所采用的问题解决方式。合作型谈判是通过对纠纷的重新界定，从而考虑多种因素和多种方案来化解纠纷，假设通过交流和创新能够超越非赢即输层面的谈判方式。如果当事人能够超出原来对纠纷的理解，则可能不需要妥协，就可以达成和解。一般来说，一方当事人不会无缘无故的妥协，当事人往往是希望通过自己的妥协来换取对方在另外一些方面的妥协，从而最终达成和解。而采取整合的问题解决策略则可能不需要进行妥协。

也就是说，妥协的问题解决策略和整合的问题解决策略各自包含不同的假设。在妥协的问题解决策略下，有限的资源普遍化——双方都有机会获得稀缺的

① 案例来源：威尔莫特、霍克：《人际冲突——构成和解决》（第7版），上海社会科学出版社2011年版，第266页。

资源；冲突中隐含的动机是竞争性的；人们做决定的事项独立于其他事项——不用考虑将来；目标是尽可能地多获得，而且强调比对方多获得。在整合的问题解决策略下，存在有限的资源但是通常能够通过合作将其扩大化；冲突中隐含的动机是合作性的；在本次冲突中决定的事项与其他事项相互关联；目标是找到对双方都公平，都能接受的解决方法。

虽然整合性的问题解决策略可能更有优势，但是这不排斥妥协的问题解决策略也会在调解中起到很大的作用。事实上，众多的纠纷中当事人一般都是准备采用妥协的问题解决策略，至少是在调解开始阶段。法律规定和法律意识是造成这种情况的最重要的原因。当事人首先是按照自己对法律的理解界定自己的权利，然后试图在谈判过程中让渡一定的权利，因此在这种情况下，当事人都是采取的妥协的问题解决策略。在有的情况上，当事人往往因为时间成本、诉讼成本或者纯粹想解决纠纷的心理而放弃部分权利，因此妥协的问题解决策略也能够解决纠纷。而整合性的问题解决策略相对来说更有优势。整合性的问题解决策略主张当事人和调解员从原来的思维方式中跳出来，重新界定纠纷（主要是对立场背后利益的挖掘），然后探讨满足双方利益需求的可能方案，最终解决纠纷。因为在界定纠纷中会澄清立场与利益的区别，并且帮助当事人整体的把握多种利益之间的相互关系，因此，整合性的问题解决策略更有助于满足当事人的利益，从而真正解决纠纷。前文提到，法律规定和法律意识下，当事人会首先界定自己的权利，然后再试图通过让渡部分权利的方式来妥协，但是如果双方对自己权利的界定相去甚远，那么纠纷就很难通过妥协的方式解决。在此种情况下，整合性的问题解决策略就能获得良好的效果。对纠纷进行重新界定，跳出原来的思维方式，是成功调解的不二法门。

（三）调解中的问题解决与创造性

在思维心理学中有一个著名的九点连线的问题：要求笔不离纸，用不多于四条直线将九个点连在一起（见图5.3）。

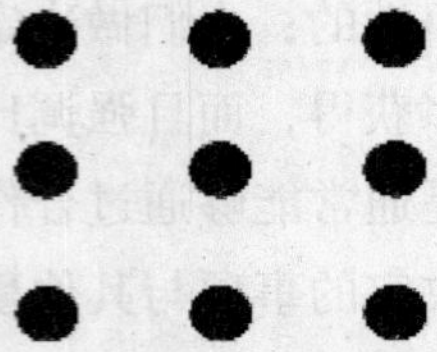

图 5.3　九点连线问题

你是否有解决这一问题的答案呢？很多人之所以无法顺利解决此问题，是因为将问题的空间限定在九点之内。但实际上如果将思维对问题的过分限定破除，问题就迎刃而解了（如图 5.4 所示）。

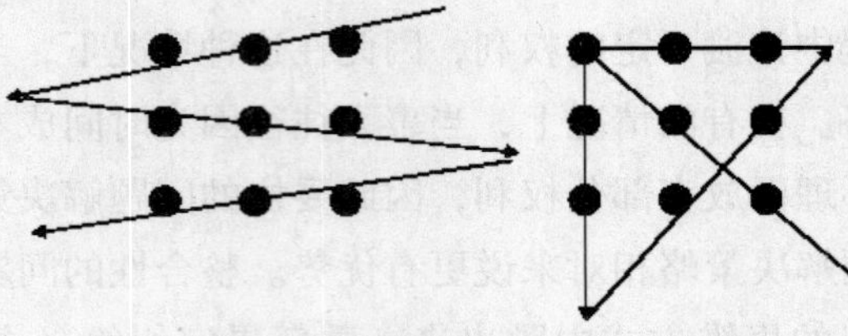

图 5.4　九点连线问题的解决之一

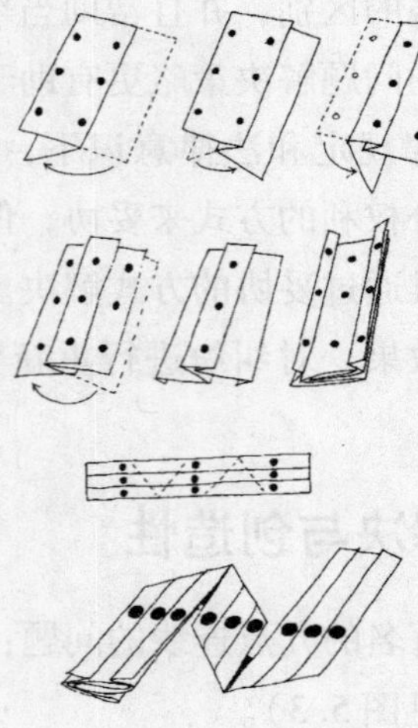

图 5.6①　　九点连线问题的解决之二

如果再将问题的空间扩大些，也许你还能找到更多的方法：只用两条线，甚

① 材料来源：［美］詹姆斯 L·亚当斯：《突破思维的障碍》，中国社会科学出版社 1990 年版，第 27 页。

至一条线。比如：将九点所在的纸张按图 5.5 所示折叠起来，使这九点排列在一条直线上。或者将纸揉叠成一团，使九点重合，然后用一直笔直穿过去（如图 5.6 所示）。

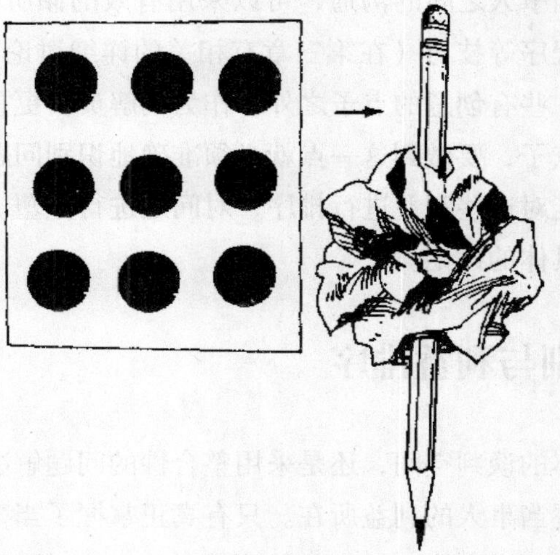

图 5.6①　九点连线问题之三

这是一个思维心理学中的经典问题，我们会发现解决这一问题的方式不止一种，甚至可能是无数种。但无论是以何种方式来解决这一问题，都无一例外地要做到一点：突破框架的局限。在这个问题中，如果在思考如何连线时，始终将思路限定在九个点所勾画出的框架之内的话，是无论如何都无法解决这个问题的。而在九点连线问题的游戏规则中也并没有对连线范围进行限定，也就是说我们有时解决不了问题，是因为自己假设的限定（而并非是事实存在的限定）阻碍了创造性思维。而调解工作无疑也是一项非常需要创造性思维的工作，前文中提及的将纠纷置于立体的问题空间中思考以及寻求整合性的问题解决策略，这些实际上都是创造性思维的方式。

要想帮助当事人找到富有创造性的纠纷解决方案，调解员首先需要帮助当事人突破一些思维和情感上的障碍（在第四章中曾对阻碍纠纷解决的认知和情感障碍进行过讨论），引导当事人跳出法律思维的束缚；抛开打败对手、固执于面

① 材料来源：［美］詹姆斯 L・亚当斯：《突破思维的障碍》，中国社会科学出版社 1990 年版，第 27 页。

子等执念；着眼于未来地去思考问题。其次，需要帮助当事人多面向的去考虑可能的问题解决策略，并通过组织双方从中讨论出最可行、最合适，同时也最能被双方接受的和解方式。要做到这一点，需要调解员要尽可能多地获取信息，加强与双方当事人以及当事人之间的沟通，可以采用有效的倾听、问开放性的问题、灵活地掌握会谈的程序等技巧（在第三章有相关的详细讨论）。第三，除了利用发散性思维去多想一些有创意的点子之外，作为调解员，更重要的是帮助当事人提出一些有效率的点子，要做到这一点就必须准确地识别问题，识别双方当事人的利益和立场，并能对这些利益进行排序，对问题进行重塑。下面就会针对问题的识别与重塑展开具体的讨论。

二、问题的识别与利益排序

无论是构造立体的谈判空间，还是采用整合性的问题解决策略，都建立在一个前提之下：要掌握当事人的利益所在。只有真正掌握了当事人的利益，才能有的放矢，帮助当事人加强交流，从而最终形成符合双方当事人利益的解决方案。因此，要解决问题，首先是要识别问题。在纠纷解决中，所谓识别问题就是掌握当事人的立场和利益。

（一）立场与利益

案例 5.4　挖掘立场背后的利益：关于一个橘子的纠纷

詹姆斯和罗伯特是室友，共用一个冰箱，冰箱里左边的位置归詹姆斯用，而右边则归罗伯特用，但是中间没有隔开。平时他们各自买的食物和水果都放在冰箱里自己的位置上。某天下午，冰箱里只剩一个橘子了。詹姆斯以为这个橘子是自己的，而罗伯特觉得是他自己的，两人争执不下。如果是一个聪明的调解是介入此纠纷，他会先询问他们需要这个橘子做什么。询问后发现，詹姆斯是因为下午去健身房之前要喝一杯橘子汁补充维生素 C；而罗伯特下午要赴一个很重要的约会，需要带蛋糕去，要把橘子皮削下来作为蛋糕的点缀。于是通过调解，二人握手言和。①

立场和利益是两个紧密相关的概念，在调解中有着非常重要的地位。立场是

① 这个案例出自 2012 年 6 月美国马萨诸塞州大学、马萨诸塞州法官协会与湘潭大学公共举办的美国调解培训课堂。本书作者征得授课专家同意，可以使用本案例。

指一位当事人在一件纠纷中所持的主张——即该当事人主张采用何种方案解决纠纷。利益是当事人立场背后的原因，当事人采取相应的主张实现自己的利益。西方学者研究发现在纠纷解决中利益有以下三个特点：纠纷的各方都有多种不同的利益；在冲突的情景中，我们通常误解了他人的利益；在争执中，关系利益、身份利益总是存在的，只是隐藏在表面下。① 父母对孩子的一句话："你必须在晚上十点之前回家"，就可以包含多重的利益：担心孩子的安全问题、想做一个好家长、想提醒控制的感觉、想睡个好觉或者考虑到邻居的想法。在孩子反感家长的"专制"做法时，这个孩子会自然带着冲突的情绪来思考问题，他可能会认为他的父母仅仅是要控制他，而无视其他非常合理的利益。而在争议双方的立场对立的情况下，立场背后的利益却可以是不矛盾的。在案例 5.4 中，双方都想要这个橘子，这是双方的立场，他们彼此冲突；而两人需要橘子的用处不一样，一个要橘子汁补充维生素，一个要橘子皮做蛋糕，这是两人的利益，利益不相冲突。

因此，在调解中，要想构建立体的谈判空间或者采用整合性的问题解决策略，都必须首先挖掘当事人立场背后的利益。只有理清了当事人立场背后的利益所在，调解员才能根据其利益引导当事人。

要挖掘当事人立场背后的利益，其根本方法很简单，就是追问当事人主张的原因。但是追问时提问的方式却不能过于简单，否则会让当事人反感。美国调解总结出几条有效的方法，调解员可以用来挖掘当事人的利益所在。这些方法包括：提开放性的问题、运用沉默使当事人主动诉说、表达同理心、解释并明确信息、营造积极的氛围从而赢得信任、总结及引出反馈（在第三章中均有相应的讨论）。

当事人可以在实现利益的同时改变原来彼此冲突的立场，从而成功调解。美国调解的实践还表明，当事人对自己利益的理解也可能出现偏差，这就为调解员的工作提供了空间。通过与当事人谈话，追问当事人采取立场的原因，调解员就能引导当事人认识到自己的真实利益所在。调解员能够协助当事人将自己追求的多项利益排序，确定各项利益的优先顺序并引导他们思考是否能够放弃排序靠后的利益来确保获取排序优先的利益。总而言之，只有挖掘当事人立场背后的利益，才能够形成真正符合当事人利益的争议解决方案。

---

① 威尔莫特、霍克：《人际冲突——构成和解决》（第 7 版），上海社会科学出版社 2011 年版，第 272－273 页。

（二）利益排序

前一小节我们介绍了纠纷中当事人的立场和利益，指出两者存在重大区别，并且要想成功调解，很多情况下要强调挖掘立场背后的利益。很少有像橘子纠纷一样利益完全不冲突的案件，在纠纷中，当事人的利益可能是单一的，但是多数情况下往往是多种多样的。当事人可能有好几项利益，对当事人而言各种利益往往重要性不一样。有的利益对当事人来说是至关重要的，有的利益对当事人是无关紧要的；各项利益之间可能相互矛盾，也可能可以相互替代。比如在债务纠纷中，债权人往往希望追回本金和利息、获得律师费和诉讼费、希望债务人道歉等，而且同时当事人还希望尽快地实现上述利益，而这种时间上的诉求也是利益的一种。这几种利益在当事人的心目中有先有后，而且可能具有替代关系，比如时间利益与金钱利益之间：如果债务人还款迅速，债权人可以考虑放弃律师费和诉讼费。当事人的利益有一些常见的分类：实质性利益和程序性利益；关系利益和非关系利益；主观利益和客观利益；核心利益和次要利益；作为目的的利益和作为手段的利益。

既然当事人存在各种利益，那么多个利益之间可能既存在冲突，又有妥协的空间。如前文所述，当事人的多项利益常常并不需要全部实现，关键是实现最重要的利益或者是在牺牲自己的某项利益时，能够从对方获取回报。因此，调解中非常关键的一步是把当事人各自的利益进行排序。既然双方的利益存在冲突，当事人各自都要放弃部分利益才能调解成功。因此调解员需要帮助当事人对多项利益进行排序，想清楚自己的哪些利益是不能放弃的，而哪些利益是可以与对方协商的。

（三）最优替代方案和最差替代方案

很多情况下，要当事人放弃即使是排序在后的利益也会有困难。在中美调解高级研讨培训会议上，美国调解专家举出专业医疗仪器公司与孟买合伙人公司一案，分析了各个当事人的利益。① 该案的原告孟买公司最大的利益在于继续拥有销售权，次要的利益是获得赔偿，还有诸如要求被告道歉、禁止被告与原告的竞争者合作等利益。虽然利益有轻重，但是当事人也不会轻易放弃次要的利益。在

① 廖永安等：《如何当好调解员——中美调解培训启示录》（第 2 版），湘潭大学出版社 2013 年版，第 66 – 90 页。

面临这样的情况时，调解员可以利用最优替代方案（Best Alternative To Negotiated Agreement）与最差替代方案（Worst Alternative To Negotiated Agreement）来促使当事人互相妥协。最优替代方案是谈判和解之外的最好的可能性，而最差替代方案则是谈判和解之外最差的可能性。调解员要做的就是提醒当事人考虑最优替代方案和最差替代方案。所谓最优替代方案是在既有的现实情况下可能实现的最优结果。比如在诉讼程序中，法院接受本方的观点，采纳本方的证据等，并且据此判决。调解员要做的不是帮助当事人考虑这个结果本身有多有利，而是帮助当事人考虑追求最优结果带来的巨大的风险和成本。当事人自己在调解之前都会考虑最优替代方案，但是当事人往往对败诉风险、律师费、时间成本等问题存在抗拒心理，拒绝细致考虑，而是盲目乐观。很多情况下，即使胜诉也不见得能完全实现当事人的全部诉求或者获得全额赔偿或者诉讼需要很长的时间才能完结。因此，调解员的工作就需要帮助当事人回到现实中来，考虑败诉风险、律师费、时间成本等问题。作为对比，最差替代方案则是在既有的现实情况可能出现的最差结果。当事人往往仅仅会有一个大致的考虑，而不会清晰认识最差结果究竟有多差，因此调解员需要引导当事人认真思考最差结果的具体情形。在最优替代方案并不比和解方案明显好的情况下或者最差替代方案出现的可能性比较大的情况下，当事人一般都会选择适当放弃一些次要利益，从而成功和解。

三、问题的重塑

在通过对当事人立场背后的利益进行挖掘之后，需要做的工作就是对纠纷重新界定，也就是问题的重塑。下面将介绍几种常见的重塑问题的做法，包括做大蛋糕、非特定性补偿、跳出法律思维、削减代价、搭建桥梁等。

（一）做大蛋糕

所谓做大蛋糕，就是在了解当事人的利益所在之后，通过与当事人的交流来探寻可以满足一方当事人的需求，但是同时不损害另一方当事人需求的方式。做大蛋糕的方法鼓励合作性的结果，大部分冲突其实是建立在对稀缺资源的看法上，扩大资源可以改变冲突的结构。一般在纠纷中的当事人往往是采用零和博弈的思维方式或者说是“切蛋糕”的思维方式。在这种思维方式下面，蛋糕的大小是固定的，给一方切得多，另外一方就必然切得少。调解中做大蛋糕就是要跳出切蛋糕的思维方式，在切蛋糕之前先探寻各种把蛋糕做大的可能。

可能会有人提出质疑：做大蛋糕的思维方式是否有普遍适用的可能。可能在邻里、家事和劳动中，纠纷等当事人双方存在经济利益之外的关系时，才有可能有多种利益的存在，才存在做大蛋糕的可能。现实经验告诉我们，做大蛋糕的思维方式在相当大比例的纠纷解决过程中都能发挥积极作用。无论是在邻里纠纷、家事纠纷、劳动纠纷或者商业纠纷中，做大蛋糕的思维方式都能帮助当事人顺利和解。

之所以存在前面的质疑，是因为人们对“蛋糕”的理解太过局限，认为蛋糕一定是经济利益，而且在纠纷的双方当事人之间，经济利益只能以一方赔偿另一方的方式实现。首先，现代社会中最重要的利益当然是经济利益，但是经济利益并不是全部的利益。有的纠纷当事人要面子，面子就是他的利益；有的当事人要维护彼此的关系，关系就是他的利益。比如案例5.5中，经济利益之外的其他利益就有很多，而且最终影响到案例的顺利调解。

案例5.5　做大蛋糕实现多种利益：邻里纠纷的背后

女邻居李萍（化名）挖倒了男邻居张建国（化名）家的院墙，结果自己被砸伤，就院墙垮塌和人身伤害的问题，双方发生了争执。从表面上来看，双方的利益就是张建国主张李萍赔偿其挖垮的院墙，而李萍则希望张建国赔偿医药费。但是调解员通过多轮会谈，发现当事人各自的利益远不止如此。李萍要挖张建国家的院墙，表面上的原因是李萍认为张家地基高，因此导致李家排水不畅，地面潮湿；但是根本上的原因有三：两家原本关系非常和睦，但是张建国在建了新房之后对李萍态度冷淡；张家盖了新房子之后，李家的旧房子显得非常寒酸；李萍一人居住，比较孤单，她非常喜欢张家的小儿子小明，但是张建国偏偏不让李萍接近小明。事发后李萍的儿子闹事并扬言要打人，所以张建国才坚决不让步；而且他之所以不让李萍接近小明主要是怀疑李萍将过期零食给小明吃。①

可见，在案例5.5中，双方的利益远不止重建院墙的费用和李萍的医药费，还包括张建国的面子、小明的健康，也包括李萍希望和睦的邻里关系、避免自己家显得寒酸的面子问题、期望能够关爱小明，排解孤单。如果本案中调解员仅仅关注表面上双方对重修院墙的费用和医药费，那么本案的调解思路显然只能是双方各自让步，彼此妥协的切蛋糕游戏。但是本案的调解员耐心细致的与当事人交流，终于摸清了双方的真实利益。调解员意识到本案表面上是院墙的费用和医药

① 本案例由湘潭大学法学院调解培训团队根据真实案例改编，作为《如何当好调解员——人民调解经典案例评析》第四章。该书已由湘潭大学出版社出版。

费问题，实际上却是两家几年来积攒的心理上的矛盾：李萍认为张建国瞧不起她，认为张建国盖新房让自己很没面子；张建国担心李萍给小明吃不卫生的食物，而且挖水沟是故意找茬。因此调解员帮助双方交流了自己的想法，让李萍意识到自己可能无意中给小明吃了不健康的食物，而张建国也认识到李萍还是非常喜爱小明的。但即使双方澄清了误会，张建国还是坚决不愿意赔偿李萍的医药费，在他看来赔偿医药费就意味着自己理屈。因此调解员最终引导双方提出了解决方案：张建国不赔偿医药费，但是可以出材料和人工帮助李萍粉刷墙壁；李萍招待张建国吃饭，李萍的儿子给张建国道歉；张建国欢迎李萍到他家玩，帮忙带小明。通过这样的方案，本案两方当事人的各种利益都能够得到实现。这种整合式的策略将双方可以获得的利益大大增加了，实现了做大蛋糕，并让双方分得心满意足。

其次，即使在经济纠纷中，也并不是一定要通过金钱赔偿的方式才能实现经济利益。比如比起对方直接赔偿，纠纷的当事人可能更希望保持合作关系或者继续履行合同。相较于邻里纠纷，商业纠纷的当事人往往更关注经济利益，所以一旦出现纠纷常采取切蛋糕的思维方式。但是恰恰在商业纠纷中，经济利益也分很多种，经济利益可以是过去的、现在的，更可以是将来的。很多商业纠纷的当事人往往同时有两种需求，第一是挽回金钱损失；第二是希望维护彼此之间的合作关系，因为另外寻找合作伙伴也是有成本和风险的。正是因为如此，维护合作关系可以是做大蛋糕的途径。比如在专业医疗仪器公司与孟买合伙人公司一案[①]中，表面上孟买公司起诉专业医疗仪器公司是希望追究对方的违约责任，并要求对方赔偿损失，但是孟买公司真实的利益其实是希望继续担任专业医疗仪器公司在印度的代理。按照合同约定的违约责任，即使孟买公司胜诉，无非也就是获得几十万美元的赔偿。如果孟买公司继续担任专业医疗仪器公司在印度的代理，那么他们每年都可以获得几十万美元的利润。对于孟买公司来说诉讼只是一个手段，孟买公司希望通过诉讼迫使专业医疗仪器公司继续履行合同。所以，严格按照合同规定，那么案件的处理只能是采取分蛋糕的形式，即专业医疗公司支付赔偿，而孟买公司获得扣除律师费和诉讼费之后的赔偿。但是调解员另辟蹊径，挖掘出孟买公司的真实意图，并将其继续合作的意愿传达给专业医疗仪器公司。调解员的努力让双方认识到，继续合作能够做大蛋糕，实现双赢，而不需要对簿公

① 案例来源：廖永安、覃斌武、罗伯特·史密斯：《如何当好调解员：美国调解经典案例评析》，湘潭大学出版社2013年版，第66－90页。

堂，一荣一损。

总之，在价值多元、利益多样化的现代社会，解决纠纷不一定非要通过支付金钱赔偿的形式；当事人可以有多种多样的利益，即使是经济利益也可以通过相互合作、拓展今后的利益等方式实现。做大蛋糕，是跳出零和博弈的纠纷解决思路，对问题进行重塑，进而解决问题的重要方法。因此在各种各样的纠纷中，做大蛋糕是行之有效的纠纷解决策略。

（二）非特定性补偿

所谓非特定性补偿是指为了让纠纷的当事一方实现其目标，而对另一方的利益采用新的方式进行补偿的行为。纠纷的当事人往往在进入调解之前就有明确的谈判目标，由于双方的目标相互冲突，因此就无法达成一致。此时，一种行之有效的方式就是让一方实现其目标，但是这一方必须在同时给另一方进行利益补偿——这里的补偿往往不是另一方当事人在调解开始之前所预期的。正如前文所述，当事人的多项利益之间或者利益的实现方式之间存在替代关系或者存在最优方案、次优方案、可以接受的方案等。因此，在一方出于某些原因完全在特定焦点不能让步时，直接同意其主张，但同时在别的方面要求补偿，往往是解决问题的重要方法。在案例5.5中的邻里纠纷案中，李萍和张建国对纠纷如何解决都有自己的想法。张建国并不在乎给予李萍经济上的帮助，但是他拒绝给李萍支付医药费。在张建国看来，支付医药费就意味着承认自己有过错，这是他完全无法接受的。如果张建国坚持不承担医药费而李萍则坚持要求张建国承担医药费的话，本案调解就会陷入僵局。因此，调解员说服李萍放弃对医药费的主张，同时张建国同意帮助李萍粉刷墙壁，并且承担砂子水泥的成本。终于成功说服当事人达成和解。

利益可以有很多种，实现利益的方式也可以有很多种。失之东隅收之桑榆，在两方当事人都积极的谋求解决方案时，当事人自己常常也能够迂回作战，同意对方的要求，但作为交换要求对方也必须实现自己另外的利益。但是纠纷的双方当事人如果陷入意气之争，就可能进入“你偏要，我就偏不给”的思维方式。这种情况下，就需要调解员把握当事人的心理状况，引导他们通过非特定性补偿的方式解决纠纷。

（三）跳出法律思维

跳出法律思维，也是重塑问题、解决纠纷的重要途径。在调解和谈判过程中，当事人总会想办法使自己的主张正当化，而现代社会中，法律的正当性是非常强的。因此如果一方当事人认为自己的主张有法律上的依据，当事人往往很难跳出法律思维进行思考。事实上不仅仅是当事人，绝大多数的调解员也有非常强的固守法律依据的倾向。所谓合法调解并不是要求调解的结果和判决的结果完全一样，这点是无论学术界还是实务界都可以接受的。但是如果当事人自愿形成解决方案，而解决方案与法律规定相去甚远，相信有很多人都无法接受。但是在价值多元的今天，很多当事人依照法律主张权利的目的并不是权利本身，而是通过权利实现自己其他的利益。

法律有法律的思维方式，从法律的角度思考问题，其程式往往是固定不变的。因此按照法律思维来进行调解，就会将纠纷限定在权利、义务、责任等框架下面，也会将纠纷的解决方式限定在法律规定的救济方式下面。比如在案例5.5中，张建国认为支付医药费就意味着承认自己有过错。但是按照法律的思维方式，如果张建国没有过错，他就不需要支付医药费；如果他有过错，他就必须支付医药费，而不可能采取李萍放弃对医疗费的主张，同时张建国同意帮助李萍粉刷墙壁并且承担砂子水泥的成本的解决方式。因此，法律对当事人之间的争议有它独特的、单一的也是僵化的界定方式，如果固守法律思维，就会导致无法重塑问题，因而难以通过调解解决纠纷。

（四）削减代价

削减代价（Cost Cutting）是指冲突的一方当事人按照对方的需求使其成本最小化，换取对方在特定要求下的让步的方式。需要特别注意的是，这里的削减代价不是指直接削减对方立场里面明确包含的代价，这里的代价往往是隐含的甚至是与冲突本身无关的。比如说在房屋买卖过程中双方对房屋价格僵持不下，一般来说双方都会将注意力集中在房屋本身的价格上，而不会主动考虑卖方将要搬离房屋本身的费用。一般来说，卖方往往把自己搬离房屋本身的费用计入他想要取得的房屋价款之中，但是他不会明说他之所以要求较高的价款的原因是需要支付搬家费。因此，如果双方不能够打开思路，那么他们讨价还价的注意力始终会放在房屋本身值多少钱，而不会关注为什么卖方要的数额要稍微超出房屋的价值。因此，如果双方僵持不下，那么可以尝试的途径就是重新定义冲突，将搬家费的问题考虑进来，如果买方能够削减对方的代价，则可以在价款上获得对方的让步。

上述的例子可能过于简单，如果双方能够耐心的谈下去，往往不需要特别的技巧，卖方也会主动提出搬家费的问题，如果是买方能够给予合理的回应，那么双方就能在房款数额上达成一致。但是前面这个例子并不是典型的冲突。本书第二章第一节中介绍了冲突螺旋模型。按照冲突螺旋模型的理论，很多情况下冲突自错误的归因开始，往往构成报复和反报复的恶性循环，因此冲突的双方常执着于冲突的“议题”本身，不能考虑隐含在议题内的或者无议题的代价等因素。比如在下面这个案例中，削减代价的方法便是适用的。

案例 5.6　削减对方代价赢得让步：夫妻关于旅行方案的分歧

珍妮弗和麦克是夫妻，珍妮弗没有工作，在家带孩子，而麦克则是一个公司经理，整天忙于自己的工作。在离结婚五周年纪念日还有小半年的时候，珍妮弗提出要把孩子交给外婆带，自己和麦克去旅行度假，麦克答应了珍妮弗的要求。在纪念日来临之际，珍妮弗告诉麦克说要安排一周的行程，两人将开车到国家公园景区去，但是麦克面露难色，因为这一周的前两天他需要加班。因为珍妮弗对这次度假非常期待，而且之前麦克答应了她，所以珍妮弗很生气，她指责麦克根本就不重视她，也不希望和她一起度假；麦克则认为珍妮弗不体贴，完全不考虑他工作的需要。因此两人吵了起来，都指责对方自私自利，不关心别人。①

这样的冲突产生恰恰符合冲突螺旋模型，珍妮弗将麦克不能和她去度假的事情归因于麦克不重视她；而麦克则将珍妮弗的行为归因于她无理取闹，两人在言语上互不相让，导致冲突陷入恶性循环。要解决这个冲突，双方首先需要克服自己对冲突原因的错误归因，然后需要重塑问题。案例中，珍妮弗和麦克都认为一周的度假与前两天需要工作是直接矛盾的，没有认识到是否可以形成一种方案，既满足麦克工作的需要，又使得双方能够度假。这样的方案是可行的，珍妮弗可以先开车到度假地，然后麦克在两天之后坐飞机赶过去。通过这样一种方式就削减了麦克因为度假要付出的“代价”——工作的需要，从而成功的解决这样的冲突。

（五）搭建桥梁

搭建桥梁（Bridging）是调解中重塑问题，提出解决方案的另外一种思维方式。此处的搭建桥梁不是说在当事人沟通不畅的情况下协助其交流，而是说在纠纷解决陷入僵局时引入新的元素，将新的元素与既有的、已知的元素融合在一

① 案例改编自：威尔莫特、霍克：《人际冲突——构成和解决》（第 7 版），上海社会科学出版社 2011 年版，第 269 页。

起，形成解决方案的思维方式。著名的麻省理工大学学生意外死亡调解案中，调解员就是通过搭建桥梁的方式解决赔偿数额的分歧。

案例5.7　搭建桥梁引入新元素：设立奖学金代替直接赔偿

1997年，司各特·克鲁格考入著名学府麻省理工大学学习。不幸的是在其入学五周之后，司各特参加了麻省理工大学的一次兄弟会聚会活动，由于饮酒过量死于酒精中毒。该事件被美国各大媒体竞相报道，曾引起轩然大波。在司各特死后两年，司各特的父母克鲁格夫妇向麻省理工大学提出索赔，声明如果得不到赔偿他们就会起诉麻省理工大学。克鲁格夫妇认为麻省理工大学安排宿舍的方案使得新生更容易想参加兄弟会，而且麻省理工大学对于兄弟会的普遍酗酒行为采取了不作为的态度，因此必须为司各特的死负责。麻省理工大学的律师认为法院不可能判定大学对成年学生自愿饮酒造成的损害承担法律责任，而且麻省理工大学是政府的一部分，因此根据马萨诸塞州法律，即使败诉也最多只能承担2万美元的责任。但是这个案件社会影响非常大，媒体连续对该案件进行连篇累牍的报道，引起了广泛的关注。而且原告起诉的目的不仅仅是为了获得赔偿，而是要再次引起社会的广泛关注，迫使麻省理工大学改变态度。麻省理工大学官方认为这个事情不能仅仅从法律上解决，就算自己没有法律上的责任，但是大学在学生管理的政策和做法上需要重新审视。

在该案调解过程中，双方就赔偿的数额存在分歧，克鲁格夫妇希望麻省理工大学赔偿800万美元，而麻省理工大学则希望将赔偿额控制在400万美元左右。在经过了一番调解之后，双方各自做出了一定程度的让步，但是仍然存在较大分歧。在这种情况下，调解员能够再说服双方让步的空间已经非常小。这时候，调解员提出引入新的元素——奖学金，并形成了新的、促使双方再各进一步的方案：奖学金的钱由麻省理工出，并提供给麻省理工大学的学生（即由麻省理工大学管理这笔钱），但是以死者司各特·克鲁格的名字来命名该奖学金。通过引入这样一个新的元素，就相当于在双方争议的鸿沟之间搭建了一座桥梁，使双方走到了一起。最终，该案以麻省理工大学赔偿475万美元，拿出125万美元设立奖学金的方式解决。①

搭建桥梁是调解中非常有效的一种思维方式，它以引入新元素、形成新方案的方式，推动当事人各自在和解的方向更进一步，最终达成一致。在调解陷入僵

① 案例来源：廖永安等：《如何当好调解员——中美调解培训启示录》（第2版），湘潭大学出版社2013年版，第91－102页。

局，双方都不愿再做让步的情况下，搭建桥梁往往能够收获奇效。

【本章小结】创造性问题解决的步骤

调解指向的目标是帮助双方和解协定的达成。在简单的纠纷中，也许双方当事人很快便能自动达成和解。但在复杂的纠纷中，尤其是在涉及问题较多的纠纷中，如何帮助当事人寻求到双赢的整合式问题解决方案，便是一件极具挑战性和创造性的工作了。对于调解员而言，可以考虑采取以下几个步骤来帮助当事人找到创造性的问题解决策略[①]：

第 1 步：询问是否真的存在利益分歧。冲突可以被理解为是一种感知到的利益分歧——即认为冲突双方当前的期望值不可调和。这样一种认知可能并不真实，这可能是误解了客观情境或另一方的提案和利益。如果冲突双方都能明白这一点，那么冲突就会消失，而解决问题就没有必要进行。比如在许多有关拆迁补偿的信访个案中，信访人的信访理由是拆迁办并没有按协议和政策给予其应当得到的拆迁补偿，因此感觉到不公平或者“被骗了”。但极有可能是因为信访人在签订协议时，对协议内容和政策的理解存在偏差，而拆迁办的工作人员在没有充分沟通的情况下便与其签订了拆迁协议。如果能将相关的政策和协议的内容和信访人沟通清楚，帮助其理解政策和协议的真实和确定的涵义，冲突便消失了。因此，就逻辑上而言，问题解决的第一步是询问双方是否存在真正的利益分歧。

第 2 步：帮助当事人分析自身的利益和信念，设定合乎情理的期望值。如果冲突双方断定冲突的确存在，那么下一步就是帮助当事人仔细检查己方的利益所在，并对这些利益进行排序。这不但能避免鲁莽行事，而且不至于陷入琐细问题的争论之中。从而帮助双方当事人合理地设定与这些利益点相关的目标。

第 3 步：引导当事人分析另一方的利益，寻找调和双方期望值的方法。帮助双方当事人着手寻找另一方观点和整合式解决方案的信息，建立立体的问题解决空间，使用一种或者多种方式去重构问题，努力实现冲突双方都认为最重要的目标。

第 4 步：降低期望值并继续搜索。如果在第 3 步，双方未在合理的期限内达

---

① 普鲁特、金盛熙：《社会冲突：升级、僵局及解决》（第 3 版），王凡妹译，人民邮电出版社 2013 年版，第 246－248 页。

成协定，就应该引导双方做出如下选择：冲突一方或双方可以稍微降低期望值——也就是说，在优先性较低的问题上做出让步或者干脆抛弃那些优先性较低的利益——然后再度尝试，直至商讨出双方都能接受的解决方案。

第六章　群体性纠纷与调解

一、认识群体性纠纷

（一）什么是群体性纠纷？

1. 什么是群体？

从一般意义来说，“群体”就是指聚集在一起的三个或三个以上的个体的集合，如一群正背着书包去上学的小学生或一群恰巧同时在西单大街王府井超市购物的顾客们……当然，从心理学的角度来看，一些人单纯而偶然地聚集，然后又随意地各自散去，对于这种随机组成，又随机离散的乌合之众，有心理学家拒绝将之列入“群体”的范围之内，也有心理学家则将之界定为“低限群体”。① 然而，不管如何界定它，乌合之众无疑是一种非常粗糙的、非组织化的人群聚集形式，它的群体成员非常不稳定，而且群体成员间基本上没有多少互动与交流可言。不过，我们也应该看到，这种低限群体（如公交车站台上偶然聚集的等车人，或机场准备登机的旅客）的成员间也常常具有相同的利益，怀着共同的目的，而且通常采取了类似的行为模式。因此，当某些条件出现时，这种低限群体极可能转变成组织化程度更高的正式群体。如当公交车发生超载或飞机出现晚点等意外情况时，原来随意聚集的等车人与旅客们很容易就能组织起来，变成一个凝聚力和行动力非常强大的正式群体。

不同于充满争议的低限群体，心理学正式意义上的“群体”被认为只有在某些特定条件下，并且只有当这些条件出现时才会形成。心理学家认为，人们结成心理学意义上的正式群体后，其所属个体的感情和思想就会发生很大的改变，

① ［法］古斯塔夫·勒庞：《乌合之众——大众心理研究》，冯克利译，广西师范大学出版社 2007 年版，第 45－53 页。

个体原本自觉的个性在很大程度上就会消失，取而代之的是一种集体或整体的心理逻辑与行动方向，它受到群体精神统一定律的强大支配。与此同时，这种正式的心理群体一旦形成，约束着个体的责任感很大程度上就消失了。在正式的群体中，个体通常会有"群体是个无名氏"的心理，因此他们倾向于认为群体行为可以不必承担责任。再者，正式群体成员间的情绪非常容易互相传染，一个人的情绪冲动很容易发展成一个群体的情感大爆发。此外，随着群体成员的独立个性、个体责任感的消失，群体情绪的易感染性会使群体成员更容易接受来自别的成员的暗示。①

2. 什么是群体性纠纷?

首先来看一下下面三个发生在不同场域，起因于不同事由的群体性纠纷。

案例6.1　行车摩擦引发的群体性纠纷

2007年8月16日晚上7时30分左右，天刚刚黑下来。谷岗乡大丰村的刘一鸣驾驶二轮摩托车途经沧州中路红叶宾馆前时，险些与一也门籍男子驾驶的丰田凯美瑞轿车（车内坐着其中国籍妻子）相撞，双方由此发生争吵并扭打起来，引来了在附近公园散步的居民及过往行人的围观。后来，围观的人群开始七嘴八舌发表议论，说什么"老外太霸道了，在中国的地盘上还敢欺负中国人!""老外太过分了，就是应该打击打击!"诸如此类的话。随着围观的人群越聚越多，一些不明真相的后来者开始起哄。最后，事态进一步激化，很多群众联合起来，掀翻了凯美瑞汽车，砸碎了车窗玻璃。②

案例6.2　占用自留地引发的群体性纠纷

道县刘家村城乡结合部的村民刘诚，在村口自留地上建了一个简易小屋，并将它出租给外乡人王红军开小卖部。后来，为了出入方便，王红军在小屋门前修建了一条小路，占用了另一个村民刘老爹的自留地。刘老爹已经74岁了，四个儿子在广州打工，一个女儿嫁在城里。2012年12月20日傍晚，刘老爹因自留地被占用一事与王红军发生口角。拉扯推搡中，刘老爹不慎摔倒在地，造成脑颅内出血，送当地卫生院抢救无效，于次日凌晨死亡。王红军因害怕承担后果，连夜逃离了刘家村。刘老爹的妻子得知噩耗后非常悲痛，叫上自己的五个侄子，用木板将刘老爹的尸体抬到了刘诚家，并强行要将尸体放在刘诚家床上。刘诚及其

① 戴维·迈尔斯:《社会心理学》(第8版)，侯玉波、乐国安、张智勇等译，人民邮电出版社2006年版，第222页。

② 案例改编自金华新闻网，http://www.jhnews.com.cn/zzxb/2008-10/15/content_291638.htm.

两个儿子见状非常气愤，遂与刘老爹的妻子、侄子扭打起来……①

案例6.3 集体土地入股引发的群体性纠纷

2013年4月，乌市天山区火炬村在撤销村民委员会后，登记成立了公司，村民成了股东，村里集体共有土地成为股份。过了两年，股东们以公司未召开过股东大会，未公开财务账目、公司经营及财务现状等为由诉至法院，请求法院判令解散公司，成立清算小组。法院经过审理认为，公司成立后履行了章程规定的义务，正常进行经营活动，不存在公司存续使股东利益受损的事实，遂驳回了原告阿某等234人的诉讼请求。由于没能拿回股金，原告提出上诉，并集体上访，造成较大影响……②

从上面的几个案例可以看出，群体性纠纷中的“群体”，既可能是随机聚集、联系松散的“低限群体”，如案例6.1中的围观居民与路人，也可能是关系密切、互动程度高得多的“正式群体”，如案例6.2中的刘老爹的家人、案例6.3中火炬村的村民。而且，在群体性纠纷中，粗放型的低限群体很容易转化成更为紧密的正式群体，如案例6.1中的居民与路人，经过一段时间的围观后，彼此渐渐熟悉起来。后来，经过众人起哄的情绪感染与群体心理暗示，不少人联系起来，在一种模糊混乱的仇外排外情绪下，将也门籍男子的凯美瑞汽车掀翻并砸坏。总之，所谓群体性纠纷，就是指纠纷主体一方或双方在多人以上的特殊性社会纠纷。或者说，一方或双方在人数众多的情况下，相互之间坚持某权利应为自己一方所有或某主张的正当合理性等而产生的公然对抗。③

（二）群体性纠纷的主要特征

群体性纠纷的主要特征在于主体人数的众多性、社会影响的突出性、集合行动的一致性与冲突激化的极大可能性。

首先，群体性纠纷，顾名思义，其首要特征即其纠纷主体人数的众多性。这种众多性既可以表现为纠纷一方当事人的人数众多，也可以表现为纠纷双方均为多人。现代社会是一个趋向于大规模生产、大规模销售、大规模信息交流、大规模产品和服务消费的社会，所以比以往更频繁的是大量人群因为产品、事件和行

① 案例来源：笔者2012年暑期对湖南郴州基层调解实地调研时收集。

② 案例改编自：腾讯网一则关于集体上诉上访的新闻，http：//news.qq.com/a/20080707/001185.htm。

③ 汤维建：《群体性纠纷诉讼解决机制研究》，北京大学出版社2008年版，第3页。

为受害，由此就引发了群体性纠纷。[①] 应该说，主体人数众多是群体性纠纷区别于其他纠纷类型最为主要的特征。正是因为群体性纠纷主体人数众多，不同主体间存在着多元的利益诉求、微妙的情绪影响、复杂的心理互动，使得此类纠纷的调解面临着更大的难度与挑战。

其次，群体性纠纷具有更加突出的社会影响力。实际上，任何纠纷都具有一定的社会影响，但群体性纠纷的社会影响力显然更加强烈与突出。群体性纠纷往往是数个、数十个，甚至成百上千个单一纠纷的集合，但群体性纠纷显然并不能还原成单个纠纷的简单累加，其复杂程度因为多主体间的彼此感染与强化，盲目从众与偏执，或多种心态的交杂与混同等，从而在一定时段内形成情感相对亲密的利益联结共同体。所以，相对于单一性纠纷而言，群体性纠纷的社会性表现得更为明显。正是这种强烈的社会性特征，使得群体性纠纷产生了强大的社会影响力，成为社会各界重点关注的一种纠纷类型。

再者，从群体性纠纷主体间的心理联系与行为互动来看，群体性纠纷的主体行为具有集合行动的一致性。[②] 所谓集合行动的一致性，是指群体性纠纷中，众多的主体会抱结成团，彼此之间形成心理、行动上的配合与支援，从而结成或紧密或松散的集合整体，统一对外表达意见、施加压力，扩大集体的影响，增加满足其诉求的筹码。而那些明确意识到“集体”存在的个体，即使其行动单独看来与单一纠纷中的个人并无差别，但其内在心理都会不同程度地包含着受集体意见推动而来的、更为情绪化的心理冲动、意见执拗等因素。换句话说，群体性纠纷中的每个个体，即便他们的具体行动表面看来各不相同，有的可能极为偏激，有的可能相对温和，但实质上这些行动都或多或少地受到了集体意见的影响与侵蚀。因此，群体性纠纷中的每个主体虽然有着个人相对明确且通常与他人并非完全一致的利益诉求，但这些不同的诉求、行动间具有情绪上的共感性与方向上的一致性。

最后，因为群体性纠纷涉及的主体人数众多、来源不一，如果其合理的利益诉求与权利主张不能及时获得有效的解决，其成员往往就会逐渐聚集成一个交流密切、相对稳定的有机统一整体。对外而言，这个整体具有集合行动的一致性，统一行动、共同抗争。对内而言，主体间不同的利益诉求相互影响、彼此攀比。

---

① 薛永慧：《群体纠纷诉讼机制研究》，中国政法大学2006年博士学位论文。

② ［美］克特·W·巴克：《社会心理学》，南开大学社会学系译，南开大学出版社1984年版，第176页。

这样一来，群体性纠纷中的非理性情绪将越聚越多，蛮横无理的权益诉求也越提越高。因此，稍不留意，一个普通的群体性纠纷很容易就会激化升级成一个政治性的群体性事件、群体性运动，从而对社会稳定、经济发展构成更大的困扰。比如这几年来，民工们因向开发商追讨久欠工资未果，转而聚众闹事、围堵地方政府办公场所的例子并不鲜见。总之，群体性纠纷如果调处不当，极易造成冲突升级与矛盾激化，从而对当地的安定团结造成严重的负面影响。

二、群体性纠纷的社会心理学规律

现代心理学的研究表明，群体对其所属的个体存在着多方面的影响，同时个体也会反作用于其所属的群体。那么，在群体性纠纷中，由众多的当事人主体所构成的这个群体，它对每一个当事人会有哪些影响呢？加入纠纷群体中的单独个体又会如何影响、左右群体的整体思维与行动方向？不同的个体对群体的影响力是大致相同，还是因人而异？社会心理学对于群体影响的研究，会为我们把握群体性纠纷的发生发展规律提供可参考的科学依据。社会助长、社会懈怠和去个性化往往是出现在低限群体情境中的现象。而从众、群体观点的极化、角色分化中的群体领袖的影响则大多出现在高限群体情境中。

（一）社会助长

马克思说过："仅仅是社会接触就可以引发……一种动物精神的增强，这种精神能够提高每一个工人的工作效率。"社会心理学家们的实验研究也证实了马克思的这一论断，研究表明，只要有他人在场（即便没有发生互动），就确实能对人们的行为造成某种实质性的影响。[①] 扎伊翁茨（Robert Zajanc）的研究进一步证实，纯粹他人在场，将唤起能够增强行为人的优势行为，无论其优势行为是正确反应还是错误反应。也就是说，纯粹他人在场，将刺激行为人更容易采取未经思考的直觉行为、本能行动或是更好地完成过去已经非常熟练的简单行为。因此，在群体性纠纷中，纯粹他人的在场容易激发当事人的非理性过激行为，唤起当事人凭着本能冲动、采取简单粗暴行为的倾向。研究还表明，当在场的"他人"人数增多，并在一定空间内达到视觉上的拥挤感时，会使人产生极大的压

① 戴维·迈尔斯：《社会心理学》（第8版），侯玉波、乐国安、张智勇等译，人民邮电出版社2006年版，第214－215页。

力感。这时，人们在场的人会产生出汗量增加、呼吸变快、血压升高、心跳加速，肌肉收缩次数增多等一系列紧张反应。这种心理紧张可能会进一步唤起人的兴奋感，降低人对自身的有效控制能力。在许多群体性纠纷中，人群的集中和围观群众的增多往往也是使当事人情绪激动、行为过激的原因之一，比如下面的两个案例。

案例 6.4　村民围观下的阻工闹事

堡家口村民王兵精明能干，这几年在城里做水产品买卖发了点小财，就想回村里建个别墅。他将别墅地点选在了村子大路边的一块空地上。这块空地不仅交通方便，而且据请来的地仙刘能说，这块地还是块宅吉人兴的宝地。这样一来，王兵的别墅兴冲冲地就准备动工了。

这块地往东 100 米是同村村民王全家的祖坟。王全认为在空地上建别墅会有损自家祖坟的风水，进而损害自己的财运，因此他坚决不同意王兵在此修房子。2013 年 8 月 6 日上午 8 点过 8 分，王全听说别墅正式动工了，马上就跑去阻工。王全赶到工地时，别墅刚举行完奠基仪式，周围很多村民都在那里看热闹，建筑施工队的挖土机正在挖地基。王全冲进人群，躺在施工队的挖土机前，要死要活，坚决不准继续动工。王兵与建筑工人先是好言相劝，未果后就想强行将王全拉开。双方拉拉扯扯，附近村民越聚越多，王全大哭大闹起来……①

案例 6.5　围观激化打砸闹事行为

2014 年 4 月 11 日上午 8 点左右，樟树村村民廖清明、廖言平带领本村村民 10 余人，到怀仁镇振华工业经济园的园区指挥部讨要说法。廖清明、廖言平等人声称，振华工业经济园违规占用了自己村的田地，而且后来开出的安置补偿价格明显过低，因此，他们要求园区负责人出面与村里重新签订用地安置补偿协议。当园区工作人员说，园区主要负责人都出差在外，要过几天才能回来时，廖清明、廖言平一行人立即表示不相信这种说辞，他们认定这是经济园区没有诚意的表现，认为这是园区在找借口拖延时间。之后，园区工作人员越解释，樟树村村民就越不相信。随着聚集围观的人群越来越多，廖清明一行人的情绪也越来越激动，他们开始打砸园区指挥部门窗，损坏办公室财物……②

在案例 6.4、6.5 中，围观的村民、在振华工业经济园区门前驻足的路人，他们与阻工的王全、闹事的樟树村村民之间既不存在直接的利益对抗，也不存在

① 案例来源：笔者 2013 年暑期对湖南湘潭基层调解的实地调研。
② 案例来源：笔者 2013 年暑期对湖南湘潭基层调解的实地调研。

共同的利益连带关系，他们绝大多数仅仅只是“爱看热闹而已”。但他们的在场，确实对王全、廖清明、廖言平等人构成了心理情绪上的一定影响，使他们更易采取非理性行为或使其已经开始的过激行为更加粗暴、更加不计后果。

（二）社会懈怠

“集体的力量是无穷的”，这是咱们中国人熟悉的一句口号。但是，一个和尚挑水喝，两个和尚抬水喝，三个和尚没水喝，这种情况在群体中也十分常见。为什么众人相加，力量有时没有变大，反而变小了呢？社会心理学中有一个名词来描述这种状况——“群体懈怠”，而群体懈怠的原因有很大一部分来自于责任的分散，这种责任分散有时是有意识的：三个和尚都不肯去挑水，他们心里都在算计：“为什么偏偏是我要多出力呢？他们不也要喝水么，他们为什么不去呢？”有时责任分散会于无形中影响着群体。

20世纪20年代早期一个德国工程师设计了一个特殊的拉力装置，看起来像个拔河器，却能准确地测量出每个人拔河时所使的力气。实验员让参加实验的人尽他们所能去拉一根绳子，并分别让单人、二人一组、三人一组、八人一组去拉这根绳子。这些参加者都是身强力壮的工人，当他们每个人单独拉这根绳子的时候，平均能达到63公斤的力，然而，当他们组队去拉时，却并未因团队精神的鼓舞而使每个人的拉力加强，反而下降了——两人一组时下降小些，三人一组时下降更多，八人一组时下降最大。八人组每组的平均总拉力只有248公斤或者说少于个人单独表演时之总和的一半。由此可见，混在群体中的个体比较容易偷懒。①

拉坦（Latane）、威廉姆斯（Williams）和哈金斯（Harkins）等人的研究也验证了社会懈怠现象的存在。他们发现：6个人一起尽全力叫喊或者鼓掌所发出的喧闹声还没有1个人单独所发出喧闹声的3倍响。他们让6个人蒙上眼睛坐在一个半圆形中，给他们戴上耳机，从中他们可以听到别人叫喊或者鼓掌的声音。这样，如果被试者听不见自己的叫喊或鼓掌声，那别人的声音就更听不见了。在不同轮的实验中，要求他们单独叫喊或鼓掌，或者要求他们整组一起做。实验的结果发现：被试者认为自己正和其他5个人一起叫喊或鼓掌时所发出的喧闹声要

① 戴维·迈尔斯：《社会心理学》（第8版），侯玉波、乐国安、张智勇等译，人民邮电出版社2006年版，第217－218页。

比他们认为自己正单独做时少三分之一。[①]

正是由于社会懈怠、责任分散的效应的存在，身处人群中的个体更容易做出一些不为社会赞许的事情。因此，人多胆壮的现象也常常出现在群体性纠纷中，也是造成群体性纠纷往往来势凶猛，后果严重的原因之一。

（三）去个体化

1967 年在美国的俄克拉荷马大学曾发生过这样一起事件，200 名该校大学生聚集在一起围观一个声称要从塔顶跳下来的同学。下面的人起劲地同声呼喝着："跳！跳！……"最后那个学生真的就跳下来了，当场身亡。类似的失控行为也发生在一些群体性纠纷和群众暴动的事件当中。为什么会这样？社会助长实验表明群体能引发人们的唤起状态，而社会懈怠实验则表明群体能扩散责任。一旦唤起和责任扩散结合到一起，常规的约束就会变小，后果可能令人震惊。从轻微的失态（在大餐厅里扔掷食物，怒骂裁判，在演唱会上尖叫）到冲动性的自我满足（集体破坏公物，纵酒狂欢，偷窃），甚至具有破坏性的社会暴力，人们都可能干得出来。这些失控行为都有一个共同点：他们在一定程度上是由群体引发的。[②] 群体能产生一种兴奋感，那是一种被比自己更强大的力量吸引住的感觉。在某些群体情境中，人们更可能抛弃道德约束，以至于忘却了个人的身份，而顺从群体的规范，这就是所谓的"去个体化"。米尔格莱姆（Stanley Milgram）关于服从的研究也发现，当个人的身份被抹去和模糊化后，个人会更容易服从权威和角色的要求，去做出一些攻击他人或者破坏性的行为。可以这样说，当我们的自我被淹没在了人山人海之中以后，我们的价值观、道德准则等等都变得没有那么重要了，更容易在人群中随波逐流。

（四）从众与群体观点的极化

社会心理学家阿希（Solomon Asch）曾经做过一个这样的实验：他将被试者分为八人一组，阿希在群体面前举着两张大卡片，第一张上面只有一条线段，而另一张上面则画有三条长度不一的直线，其中有一条的长度与第一张上面的线段完全相等。阿希让所有的被试者判断出这条完全相等的线段，其实答案是挺明显

① 戴维·迈尔斯：《社会心理学》（第 8 版），侯玉波、乐国安、张智勇等译，人民邮电出版社 2006 年版，第 217－218 页。

② 戴维·迈尔斯：《社会心理学》（第 8 版），侯玉波、乐国安、张智勇等译，人民邮电出版社 2006 年版，第 155－157 页。

的。同样，每组的前七个被试者是假的，实际上是阿希安排的助手，他们会众口一词地说出一个错误的答案，真正要考察的便是第八个真正的被试者的选择：是会坚持真理，选出那条真正相等的线段呢？还是会与前八个“托儿”同流合污？实验进行了若干次，阿希发现，他的被试者只有四分之一从来没有屈服于群体，50 位被试者中有三分之一以上的人在半数以上的实验中同意了群体的意见。

阿希认为在这个实验中，那些“睁着眼睛说瞎话”的人们是在“从众”，从众是指根据他人做出的行为或信念的改变。[①] 如果我们看看周遭或反观自身，会发现从众在社会生活中并不少见：大街上三五人的围观很快就会吸引越来越多“看热闹”的人群，在还不知道重重包围当中是否存在值得观赏的风景之前，他们会义无反顾地被其他观看者吸引过去；商场促销活动，只需制造一个“万人疯抢”的假相，便足以刺激许多人购买的冲动，尽管他们可能并不大需要这些商品；2011 日本大地震后一个谣言，便足以促使许多人相信“盐荒”即将到来，纷纷走入超市“抢盐”，于是一个小规模的“盐荒”还真因此诞生了。

那么人们为什么会从众呢？在阿希的实验之后，他访问了这些被试者，第一种回答是，当听到大多数的人的答案都那么一致地与自己不同时，便开始怀疑自己的眼睛了，也就是会考虑到大多数人会比自己更准确地把握事实。虽然有“真理掌握在少数人手中”这一说，但大多数的人还是坚信“群众的眼睛是雪亮的”。当看见人人都走进超市买盐时，我们的心理肯定多少会有些慌乱，会认为“盐荒”的说法也许有些道理，会告诉自己“宁可信其有，不可信其无”，以免自己错过这个可能有效的信息而吃亏上当。这种心理被称作“信息遵从”。第二种回答是，确信自己看到的是真实的，但迫于群体规范的压力，在群体中的个体总有保持和群体其他成员一致的倾向，一旦与众不同，便会或多或少地感受到来自真实或想象的压力。青少年团体中常会出现这样的情况，一群“哥们儿”聚会时，有人分烟给大家抽，每个人都接了一支烟点上，一齐吞云吐雾起来。假设你是其中的一员，而你并不会抽烟，当传递的烟盒到了你手边，你会推辞说：“对不起，我不抽么？”而当你推辞以后，所有的“哥们儿”拿着他们的烟七嘴八舌地说：“怎么不抽呢？男子汉怎么能不抽烟？”“你看大家都抽了！”——你心里会有什么感受呢？也许推辞不过，就勉为其难地接受了；也许依旧没有接这支烟，但心理肯定感觉挺别扭，坐在一群抽烟者中间觉得特别的紧张。这一点被

① 戴维·迈尔斯：《社会心理学》（第 8 版），侯玉波、乐国安、张智勇等译，人民邮电出版社 2006 年版，第 155 页。

称作“规范遵从”。在群体性纠纷中，我们同样会发现，许多群体性的行动、态度和决策，有可能是在一小撮领导头羊的带领之下的从众效应。

此外，我们常有这样的感觉，在群体中，如果群体成员的观点相似，通过讨论之后，群体成员的观点会得到强化，会更极端、更夸大。这大概就是我们常说的“人多胆壮”，用学术概念来说，叫“群体极化”。如果身边有更多的附和者，原本有些犹豫的、拿不定主意的当事人就更肯定自己的观点是正确的、自己的理由是充分的、自己坚持的还真是那么回事了。同时，群体的讨论也会让保守的我们更容易做出冒风险的决定。在进行群体性纠纷的调解时，调解员们也常常会发现，相比于单个当事人来说，一群当事人更容易提出过高的要求和过激的观点①。

（五）角色分化中的群体领袖

心理学的研究表明，当人们聚集在一起时，随着时间的延续，群体内部成员间会逐渐产生分化，最终会定型为分工不同、但作用相对固化的各类角色。如有些人会变成群体中的领导者，对群体的心理与行动产生决定性影响。而另一些人将慢慢成为群体领袖的亲密战友与忠实追随者，积极响应群体领袖的各种号召与动议。此外，还有一些人，他们可能作为群体领袖的一般追随者及其命令的被动执行者而存在。而且，在这些不同的角色之间，会呈现出各种不同的互动模式，如群体领袖发布命令→追随者执行的模式、群体领袖暗示→服从者行动模式等。一般情况下，伴随着群体角色分化与群体互动模式的形成，群体成员间往往还会形成一系列更为细致、更为复杂微妙的互动模式与行为规范，甚至会形成一套针对个体各种具体行为的肯定或否定性评价制度与各种具体的奖励或惩罚措施等。

和其他群体的心理机制与互动模式一样，在群体性纠纷当中，尤其在那些历时数月乃至数年仍未获解决的群体性纠纷当中，纠纷当事人群体中也存在着不同角色的分化，也会出现类似群体领袖或灵魂人物与群体追随者、执行者之类的角色分化。而那些主导群体性纠纷的领袖或灵魂人物，也会向其追随者提出建议与意见，甚至是直接下达命令，而群体中处于追随地位的多数人通常会深受“领袖”意见的影响与感染。在群体领袖及其追随者之间也会产生相应的类似赞扬与批评、奖励与惩罚性的评价机制与行为模式。比如在下面的案例中，随着群体性纠纷的发展，也逐渐出现了群体领袖。

① 邬欣言：《生活中的社会学》，湖南大学出版社2012年版，第104－105页。

案例6.6 退休老干部引导的集体维权行动

2006年12月20日，海口市规划局在鑫侨城社区发布了一则公告，就鑫侨城社区旁“第42号地块”的规划方案征求社区居民意见。公告称，第42号地块将开发“君逸名城”项目，建造15幢20—23层（约70米）的高层住宅小区，最小间距比大于1：0.78，总建筑面积22万平方米。该方案公示后，鑫侨城社区的居民反应强烈，提出了50多条修改意见。这些意见主要是认为，“君逸名城”项目会给周边居民住宅楼造成通风、采光、出行等各种方面的不利影响，从而会降低鑫侨城社区房屋的市场价值。

居民提完意见半年过后，海口市规划局于2007年6月30日向周边居民通报了并无多少实质性修改的规划方案，鑫侨城社区居民非常气愤，开始通过联名信、集体抗议信、上访等多种方式向政府及规划部门反映，要求改变规划。

2007年5月1日，“君逸名城”工程奠基开工。2日、3日，鑫侨城社区60多名居民在居委会退休干部黄连民、刘超群、王三先的组织带领下，在到施工工地门口静坐，并围住售楼处，要求开发商、施工单位停止施工。见开发商不予理睬后，4日，黄连民、王三元领着鑫侨城社区30多名老人到市政府门前静坐请愿，刘超群则组织居民继续围住施工现场，不让开发商继续开工。此外，为了达到阻止施工、改变规划的目的，鑫侨城社区每户还交纳了100元经费，用于挂横幅、上访等活动。6日，黄连民带领8名社区老人到海南省政府去上访，并且扬言，如果不改变规划，将组织居民进京上访……①

心理学家指出，只要有一群人聚集在一起，都会本能地让自己处在一个头领的统治之下。② 当然，在通常的群体性纠纷当中，所谓的群体领袖，并非是指此群体中会存在一个至高无上的绝对权威或精神指引者。纵观现实中存在的各种群体性纠纷，更多时候的情况往往是群体领袖通常只是这个群体中相对更有煽动力、更具蛊惑性的小头目而已。不过，我们也不应该因此就完全否定群体领袖对其所在群体的重要影响力，因为多数情况下，群体领袖的个人意志很容易发展成为群体的统一意见，并最终在群体领袖的引导、鼓动下付诸为现实的行动。反之，群体领袖的缺席，往往会让群体成员间分歧不断、吵闹不休，从而导致整个群体的分崩离析。现实生活中，群体领袖的不在场会使群体成员像一群无头的苍

① 案例来源：胡冬平：《城市人民调解如何解决群众性纠纷》，http：//blog. caijing. com. cn/person_article－151627－55713. shtml.

② ［法］古斯塔夫·勒庞：《乌合之众——大众心理研究》，冯克利译，广西师范大学出版社2007年版，第26页。

蝇，虽然嗡嗡嚷个不停，提出了各种各样的不同主张和意见，但他们最终很可能一事无成，既形成不了任何集中性的意见，也采取不了任何实质性的统一行动。因此，从这个意义上看，群体领袖对群体的存续与发展、表达与行动等，无疑具有至关重要的作用。

就群体性纠纷而言，纠纷主体中那些见多识广、个性强烈、富有蛊惑性与煽动力的当事人往往会成为群体的灵魂人物，他的行动倾向在很大程度上将影响、决定着其他当事人的行动方向。通常情况下，这样的灵魂人物甚至会成为其所在群体的“头脑”，他的意见会取代其他人的意见，他的判断与决定直接成为了群体的判断与决定。群体性纠纷中那些个性温和、优柔寡断的当事人往往会成为群体“灵魂人物”“核心人物”的追随者与附和者。从心理学的角度来看，后者虽然并不能决定群体行动的实质内容与重要方向，但他们的存在会给群体“头脑”以强大的心理支持力量。在案例 6.6 当中，作为从居委会工作中退下来的老干部，黄连民、刘超群与王三元无疑是鑫侨城社区此次维权活动的灵魂人物。而且我们有理由推断，多年的社区工作经验，很可能让他们三人在当地居民心目中已经形成一定的权威性。因为居委会工作经常会接触到各种各样的矛盾纠纷，因此也会为黄、刘、王三人的维权组织活动储备下不少的经验与技巧。而我们从案例中也可以清楚地看到，鑫侨城社区此次要求修改规划的维权活动确实是很有组织性的，既有领头人之间的分工协作，也有其他居民的密切配合。既有对开发商办公场所的围堵，又有到政府部门的上访请愿。在群体领袖的组织下，鑫侨城社区居民既分头行动，又步调一致。可以说，因为共同的利益诉求，鑫侨城社区居民聚集在黄连民、刘超群、王三先三人的周围，听从他们的布置与安排。与此同时，其他群众的积极响应与密切配合，无疑也为黄、刘、王三人的行动提供了重要的心理支撑与现实的推动力量。

三、群体性纠纷中冲突升级

冲突升级，既可以指陷入矛盾冲突中的一方或双方，采取比以前更为偏激的行为举措，向冲突的另一方施压，迫使另一方接受自己已经提出的各种要求；也可以指矛盾纠纷的一方或双方当事人在原来相对温和的主张、相对合理的要求之外，提出更加激进、让对方当事人更难接受的新主张新要求。当然，很多情况下，矛盾纠纷的冲突升级是前述两方面情况的同时出现与相互交杂。一言以蔽之，冲突升级就是指矛盾双方的冲突强度在整体上有所增加。①

发生群体性纠纷后，因其涉及的主体人数众多，各种不同的期待与诉求往往混杂在一起。在提出各自的利益诉求时，纠纷当事人会产生互相攀比的心理，从而将群体性纠纷的集体利益诉求越推越高。而且，众多的当事人聚集在一起，彼此之间很容易因各种不满情绪互相感染而突然出现集体情绪失控的局面……所有这些，使得群体性纠纷中的矛盾冲突特别容易升级激化，进而转化成影响重大、性质恶劣的群体性事件。

从心理学的角度来看，在冲突升级过程中群体性纠纷中的矛盾爆发通常会发生几种类型的转化。在下面这个案例中，这几种类型的转化都得到了体现。

案例 6.7　层层累积的乡邻纠葛

家住永安区三家馆乡的覃文斌和郑章福两家世代是邻居，关系也一直还算融洽。覃文斌和郑家福同岁，如今都是儿孙满堂、六七十岁的古稀老人了。

2007 年 6 月 15 日清早，覃文斌出门查看责任田时，发现郑家福偷偷地把自家田里的水放到了他家地里，就去找郑家福理论。谁知郑家福不但不认错，反而理直气壮地指出，是覃文斌儿子前些天先放了自己田里的水，所以自己今天才会放覃文斌田里的水。覃文斌听后非常生气，说郑家福不讲理。郑家福也不甘示弱，说是覃文斌家先不讲理的。一来二去，两人开始对骂起来。两老人对骂之事后来虽然不了了之，但在两家人心里留下了不小的阴影。

6 月 26 日下午，郑家福大儿子郑忠民的牛没拴好，冲进覃文斌二儿子覃卫东的后院里，吃了覃卫东家一些麦麸，覃卫东遂扣下了郑忠民的牛。傍晚，郑忠民老婆来找覃卫东要牛，覃卫东不给，郑忠民老婆就骂覃卫东“不要脸”，覃卫东反唇相讥，骂郑忠民老婆是“泼妇”。不久，双方的家人也掺和进来，两个人的口角变成了两家人的口水大战。因为覃家一直不肯还牛，双方的对骂不断升级，两家人还把多年前一些陈芝麻烂谷子的旧账都翻出来数。最后，郑家人冲进了覃卫东的后院。郑忠民顺手操起一把锄头，将覃卫东左锁骨中段与左腓骨上段打成骨折。覃卫东儿子见状，捡起地上的断砖头，将郑忠民老婆的头砸得鲜血直流。②

---

① 普鲁特、金盛熙：《社会冲突：升级、僵局及解决》（第3版），王凡妹译，人民邮电出版社2013年版，第109页。

② 案例改编自：湖南省司法厅2009年印发的内部学习材料《调解培训基地教程》。

（一）轻→重。

中华民族素来讲究“先礼后兵”，因此在群体性纠纷刚刚发生时，当事人双方的正面接触往往是相对平缓的，双方的行为通常都会比较克制。这时候，双方当事人一般会通过那些相对温和、影响力也相对较小的措施，如通过和平对话、好言相劝来促使对方当事人接受自己的意见。当然，有些群体性纠纷因事发突然或涉及当事人非常重要的权益（如意外死亡案件或并非轻微的人身损害案件），当事人也可能非常冲动，恶言伤人或者看起来气势汹汹、来者不善。但是，即便在这种情况下，如果另一方当事人不用同样冲动粗暴的态度来反戈一击，这时的群体性纠纷仍然处在相对比较容易化解的初级阶段。否则，随着双方纠葛的不断发展，彼此的不满情绪慢慢积压起来很可能变成了对另一方的怨恨与愤懑。到了这个阶段，群体性纠纷就由一个相对较轻程度的冲突升级成为一个更为严重的复杂矛盾。

（二）小→大。

在群体性纠纷当中，各种问题会随着众主体间的交流与互动而出现迅速扩散的倾向。随着冲突的升级，群体性纠纷中双方当事人之间的对立情绪会越来越激烈，对对方的不满甚至怨恨也会越积越深。而且，纠纷双方往往会逐渐陷入到对立情绪当中，甚至发展成水火不相容的激烈斗争。与此同时，为了不断地给对方当事人施压，迫使其接受自己的主张与要求，纠纷双方会努力寻求各种支援，动用越来越多的资源，进而使得卷入纠纷中的当事人数目越来越多，纠纷的化解难度也越来越高。而随着时间的推移，双方当事人你来我往、不断争斗，一场小小的纷争最终转变成为一个历时弥久、难以调和的复杂纠葛。

（三）具体→普遍。

在群体性纠纷当中，最初的冲突可能只因为一件或几件具体的小事，但随着双方当事人之间矛盾的不断激化，那些作为冲突导火索的具体问题往往就会给更为一般性的全面对抗让路。双方就会由针对具体问题的争执，发展成一种全面的愤恨与对抗，而双方之间的整体关系也会急剧的恶化。纵观案例6.7中的冲突升级情况，最初只是覃文斌和郑家福之间的口角，然后扩展到他们的儿孙辈，最后发展成两家人之间的混战。在这个过程中，“争水”这个细微而具体的争执，随之被“扣牛要牛”这个更为严重的冲突所延续，后来进一步演变成两家人多年不满情绪的集中爆发，最后导致了流血冲突事件的发生。

(四) 很少→许多。

在群体性纠纷当中，面对持续不断的矛盾冲突，原来少数当事人的不满与愤怒通常会慢慢增强。而且，这些负面情绪的集聚会在群体成员间彼此影响、互相传染，进而演变成群体性的过激言论，最后可能变成突发性的暴力行为。此种类型的转化，往往与群体性纠纷中原来相对消极的当事人的态度转变密切相关。在纠纷刚刚出现时，很多当事人的情绪往往还比较平和，但随着冲突的不断升级，这些群体纠纷中的“温和派”会渐渐变得偏激起来，并最终推动了群体性事件的发生。

在上文中，我们从心理学的角度归纳了群体性纠纷冲突升级的四种转化类型。在现实生活中，虽然这些转化类型可能不会在某一个群体性纠纷当中全部出现，但他们确实属于非常普遍的冲突升级类型，而且这些不同类型的冲突升级通常会同时存在或相继发生。

四、群体性纠纷的化解技巧

(一) 控制“拥堵围观”情境

案例 6.8 警惕“心理拥堵”效应

2008 年 9 月 20 日凌晨四时左右，三石镇洞苍街居民李月红因觉得肚子绞疼难耐，住进了镇人民医院的急诊病房。当天肠胃外科主任医生正在轮休，副主任医生刘冠球为李月红接诊，进行了常规性检查后，建议李月红转到市里的大医院去就诊。然而，正在院方准备为患者联系转院市中心医院的时候，李月红突然病情恶化，陷入休克昏迷状态，并于 9 月 20 日上午八时左右停止呼吸。李月红去世后，李月红的家人认为，镇医院医生只想着推脱责任将病人转走，导致抢救不及时才造成了李的死亡。因此，李的丈夫纠集了亲朋好友数十人，围堵在医院门口，加上看热闹的过路群众，一时间镇医院门被堵了个水泄不通，附近的交通也完全瘫痪。

接到这个案子后，三石镇人民调解委员会李平波主任、人民调解员邓垒、刘爱民三人马上赶到了医闹现场。李主任一到现场，就对死者亲友们表明身份：“我是镇人民调解委员会的李平波主任，这两位是我们的调解员。你们这中间可能有人认得我们。我们是来为你们化解纠纷处理问题的。”听完这些，闹哄哄的现场显得安静了一些。李主任见状，马上接着说：“如果你们想解决问题，而不是闹事，我们就找个安静的地方谈谈这个事到底该怎么解决。如果你们来只是为了闹事，那我们就走了。不过我要提醒你们，你们这样围堵医院、阻断交通、扰乱治安，是违法的，人民警察是不会不管的。”通过李主任一行近半个小时的劝说与教育，患者家属开始明白围堵行为的非理性及其严重后果，他们渐渐平静下来，同意跟李主任回镇人民调解委员会协商死亡赔偿事宜，围观的群众也渐渐散去，一场医疗纠纷赔偿案件的协商调解工作也才得以正式开始。①

在这个案例中，调解员化解危机所做的第一件事情便是控制住闹哄哄的现场，将情绪激动的当事人带离围观拥堵的人群环境，以避免拥堵的围观人群加剧当事人的生理唤醒和情绪感受。因为在众多他人在场的情境下，即便他们与纠纷主体间并不存在竞争、对抗或协作之类的任何关系，也不实施奖励或惩罚等积极措施，而是仅仅作为一个消极被动的观众或共事者存在，也会对身处纠纷中的当事人构成某种实质性的心理影响。在群体性纠纷当中，涉及的纠纷主体本来人数就已不少，如果再加上若干的围观者，很容易就会唤起当事人凭着本能冲动、采取简单粗暴行为的倾向，从而导致纠纷当事人中出现“心理拥堵效应”，进而采取非理性的过激行为。因此，当一个群体性纠纷突然发生在医院、闹市区、临街大道等公共场合时，想办法尽快将纠纷当事人带离喧闹拥挤的场所，从而避免当事人因“纯粹他人的在场”而出现“心理拥堵效应”，是成功化解一起群体性纠纷的关键性步骤。

（二）遏制负面从众

案例 6.9 遏制负面从众行为蔓延

2011 年 4 月 20 日上午 11 时左右，大坝乡茅屋坪经山村村民赵建新犁完水田后，赶着牛光着脚往家里赶，途经乡政府办公楼门前时，意外接触到裸露的电线不幸身亡。得着消息后，赵建新八十岁的老娘，带着赵的妻子、儿子等人迅速赶到了事发现场。因为裸露的那节电线紧挨着乡政府办公楼，所以赵建新的家人就跑到乡政府里面去闹。当天正巧赶上乡政府召开群众大会，附近很多村民都在那里。听到赵家人的哭喊吵闹声后，很多人就围过来看热闹。因为赵家提出的赔偿要求比较高，乡长张振国说要等乡领导开会讨论后才能决定。见事情一下子解决

① 案例来源：笔者 2012 年暑期对湖南郴州医疗中心的实地调研。

不了，人群中就有人开始起哄，有人开始怪叫……场面越来越混乱，围观的人群也越聚越多。

张乡长一看情况不好，马上派人通知司法所长王敏学过来。王所长一到现场，发现很多年轻人正跟着两个人在瞎嚷嚷乱起哄。而带头闹事的这两个人，一个是经山村无业游民赵大树，一个是隔壁桐杈乡巨流村刑满释放人员阮立坤。王所长知道，这两个人与死者赵建新家并无亲戚关系，平时也素无往来。因此，他走到人群中间，对着赵大树与阮立坤大声呵斥道："赵大树、阮立坤，关你们什么事?！你们在这里瞎起哄什么?！你俩在派出所那里还有些事还没交代清楚呢！"赵阮二人原来闹得正欢，突然听到这话，一下子呆在那里。王所长转过身来，接着对其他起哄的人说："赵家出了人命，你们不帮着想办法，在这瞎闹个什么?！闹出事故来，你们一个也跑不了！"听见这些，围观的人群渐渐平静下来，赵阮二人也不知什么时候溜走了。

看到现场安静了许多，秩序也不像开始那样混乱了，王所长就开始安抚赵建新家人的情绪。耐心地倾听死者家属说了一段时间后，见赵建新的老娘不再寻死觅活，王所长就请死者家属到自己办公室去坐坐，好接着商量具体的解决办法。周围的村民见没有热闹可看了，也就慢慢散开了……①

近朱者赤，近墨者黑。从前文的分析中我们知道，从众是人类社会典型的群体心理之一。当然，这种群体心理肯定会外化为人的行动。从外在行动上看，从众表现为与其他人一样的行为方式与行动倾向；从内在心理上说，从众是指某人与他人行动一致是因为他受到了其他人行动的影响。从众有许多不同的表现形式，其中顺从和接纳是最主要的两种形式。在人类群体生活当中，人们一般会按照群体主流模式的要求去做很多事情。因为大多数人都如此行为，于是不假思索地跟着如此行为或者只是迫于压力而不愿意与众不同，由此采取的从众是顺从行为。而接纳行为要求从众者内心的信服与认同。当我们真诚地相信别人都在做的事情是正确的或是对我们自己也有好处的事情时，我们心悦诚服地按照大多数人的行为模式去行动，这种从众行为是接纳。

在群体性纠纷当中，当有纠纷主体释放出强烈的对抗情绪，并表现出明显不合作不友好的态度时，随之而来，其他的纠纷主体往往也会呈现出程度不同的消极态度与负面情绪。反之，当一些纠纷主体率先表现出同意妥协的意思，愿意降低原来的条件从而促成纠纷的更快解决时，其他当事人的口气往往也会逐步开始

① 案例来源：笔者 2012 年暑期对湖南郴州基层调解的实地调研。

缓和下来，使得纠纷化解出现一线可喜的曙光。

因此，作为一名优秀的调解员，一旦发现群体性纠纷中的某个当事人表现出引人注目的对抗情绪时，一定不要掉以轻心，而是应该积极应对，尽快想办法隔离、阻断这种负面反应的继续蔓延。我们要敏锐观察，只要发现某些纠纷主体流露出一点愿意和解的意思，就要瞅准时机、趁势而为，尽早促成矛盾纠纷的成功化解。

（三）关注群体领袖

心理学家认为，只要有一群人聚集在一起，一般会本能地处在一个头领的统治之下。从心理学的角度来看，随着时间的推移，聚集的人群其成员间会逐渐形成领导者与被领导者、指令发布者与指令执行者等各种不同的角色分工。在这些角色分工当中，处于群体事务决策地位的“群体领袖”占据了举足轻重的地位，他（她）或他（她）们的意志与主张决定了群体集体性行为的内容与方向。如果将一个相对稳定的互动群体类比为一个能独立思考、自主行动的有机统一整体的话，群体领袖在这个统一体中就承担着类似于“大脑”的功能。当然，在群众性纠纷当中，通常情况下的群体领袖仅仅只是这个群体中相对更有威信的小头目，而并非是某种绝对权威之类的人物，但他们确实是成功化解群体性纠纷的关键所在。

俗话说，射人先射马，擒贼先擒王。只有做通了群体领袖的工作，群体性纠纷的矛盾冲突才能够迎刃而解。要想做好群体领袖的调解工作，首先要能准确地辨认出谁才是这个群体真正的领袖。从心理特性与个性特征来看，群体性纠纷中的“领袖们”通常是一些意志坚定、行事果断、表达力、行动力都较强的人。他们往往以群体代言人自居，敢于公开表达各种利益诉求，并与对方当事人以及调解员进行各种交涉。不过，也不能排除少数情况下，群体性纠纷中的意见领袖因某些特殊原因不方便或不愿意直接出面，而是藏身幕后控制操纵整个纠纷的发展局势。调解这种类型的矛盾纠纷，往往会更加曲折迂回。但是不管怎样，不找到群体中的意见领袖并与之进行有效的沟通，群体性纠纷不可能获得解决。

除了性格特质以外，群体性纠纷中的领导者一般还享有一定的社会声望并拥有较高社会地位。在当代中国语境下，群体性纠纷中的“领袖人物”其社会特质一般表现为三个方面的条件：（1）受过良好的教育；（2）在某单位担任（或担任过）一官半职；（3）拥有一定的社会财富。通常情况下，群体领袖往往兼具这三个方面的条件或至少满足了其中的两项要求。

（四）防止冲突升级

群体是一个成员间经常频繁互动与密切交流的聚集体。在群体性纠纷当中，当诸当事人聚集在一起时，各自的不满情绪会因互相感染而不断发酵升温，往往容易突然出现整体情绪失控的局面。此外在纠纷诉求方面，当事人一方会不断地彼此攀比、互为声援，从而加剧对方当事人的不满与对抗性情绪，由此导致矛盾冲突出现从轻到重、从小到大、从具体到普遍、从很少到许多等各种模式的升级恶化。

通常而言，如果不及时化解，一个群体性纠纷大致要经历六个不同的发展阶段。第一个阶段是萌芽阶段，这是群体性纠纷正式发生前的积蓄阶段，好像一颗准备萌发的种子一样，慢慢地等待与酝酿。比方说，邻里之间因日常交往难免有些小纷争、小摩擦，今天李家的鸡啄了王家的菜，明天王家的小孩偷吃了李家的桃子，一来二去双方渐渐积下一些怨气。

第二个阶段是矛盾冲突的初发阶段。在这个阶段，因为某件或某几件事作为导火索，矛盾双方开始正面对抗，发生言语上的直接冲突，就像种子在水、温度、养分、阳光等各种条件适宜的时候，就会破土而出。如李家、王家经过前面萌芽阶段的情绪酝酿与发酵，在矛盾初发阶段为了争山争地争水等具体的小事，两家人开始出现口角或对骂现象。一般而言，群体性纠纷在初发阶段还是比较容易解决的，因为双方积怨还不深，也没有多少现实的损害性可言。

第三阶段是矛盾冲突的全面激发阶段。处于初发阶段的群体性纠纷，如果不被进一步激化，通常是随着时间的不断推移而慢慢淡化，最后不了了之。然而到了全面激发阶段，情况就大不相同了。如果在初发阶段过后很短的时间内，矛盾双方又因为别的事再发生冲突与摩擦，这时双方的怨恨与不满情绪就会直线升温，很可能就会操起家伙你打我、我打你，从而导致轻微流血事件的发生。不过，即便到了这个阶段，如果调解组织能够及时化解，候群体性纠纷应该仍然处于相对容易解决的阶段，并不会出现双方人员重大伤亡或财产方面出现重大损失的情况。

从萌芽阶段到初发阶段再到全面激发阶段，这三个阶段调解纠纷的成本相对较低，调解人员操作起来也比较容易。第四个阶段就是全面激发阶段。到了这个阶段，纠纷双方的矛盾会越闹越大，双方的亲戚朋友可能也会被卷入或被要求加入到对抗人群中来，从而造成更大范围内的矛盾与冲突，导致更多的人员伤亡和与更严重的财产损失，甚至会出现重度伤残或械斗死亡的情况。

如果在全面激发这个阶段，一起群体性纠纷仍没有解决好，当事人就可能会到村组、街道社区等自治性组织去反映情况。如果基层自治性组织解决不了，他们就会进一步到乡镇党委、政府的有关部门去反映情况，并提出各种要求。这个时候，群体性纠纷就进入到了第五个阶段——反映情况阶段。

群体性纠纷的最后一个发展阶段是上访缠讼闹访阶段。一起群体性纠纷如果在乡里没有解决好，在县里又没解决好，当事人的愤懑往往就会越积越深，冲突双方的怨恨情绪可能会进一步激化，最后变成对对方根深蒂固的仇恨心理。到了这个阶段，基层法院或调委会如果不能有效地化解这种仇恨心理，矛盾双方往往会进一步采取非理性的报复行为，依靠蛮力不断地去闹事，从而制造更多的事端，造成更大的财产损失与人员伤亡。冲突双方还会开始到县市、省里找相关领导要求解决，甚至会进京上访。到了这个阶段，群体性纠纷的双方都花了大量的精力、财力，都遭受了很大的损失。而且，在纠缠的过程中，双方通常都出现了一定的过错，因此矛盾就不容易解决了。

需要说明的是，上述所谓的六阶段论，只是对群体性纠纷发展过程的一种理论上的划分与总结，并不是所有现实的群体性纠纷都必然会经历这样几个阶段。实际上，大部分的群体性纠纷可能在一至三阶段就已自行解决或被成功化解。另一些群体性纠纷可能一发生就直接进入到了第三、第四甚至第五阶段。而少数发展到第四、第五阶段的群体性纠纷可能最终也并没有都出现上访缠讼或闹访的局面。但是作为一种过程分析工具，群体性纠纷发展的六阶段论仍是相对贴切的。总的来说，处于第一到第三阶段的群体性纠纷是最好解决的。到了第四个阶段，矛盾纠纷也还能够控制。但发展到第五、第六阶段，解决纠纷的成本与难度都会大大增强。因此，从降低调解难度、节省调解资源的角度来看，一名优秀的调解员应该通过排除无关他人的干扰、锁定群体领袖等各种办法，尽可能地将群体性纠纷保持在可控的范围内，从而有效地避免群体性纠纷的不断恶化与冲突升级。

【本章小结】群体性纠纷的调解：勇气和智慧的挑战

群体性纠纷的复杂之处不仅仅是因为在人数上的众多，更是因为一旦个人集合成了群体，其心理、行为以及决策的规律便发生了变化，群体并不是若干个个体的简单相加，而是若干个个体在情感、认知、思维、决策等各方面发生了化学反应，发酵为一种特属于群体的情绪、意志和行为方式。一方面，社会助长现象的存在会让身处人群中的个体体验到更强烈的情绪和生理唤醒；另一方面，群体懈怠现象的存在会让责任分散，使人们将自己的自我和责任感被淹没在人山深海之中。因此，往往一群人会比一个人更容易做出一些过激行为。再加上从众、群体观点的极化、对群体领袖的服从等，会使群体性纠纷不仅比非群体性纠纷涉案主体人数更多，同时也更体现出集合行为的特点，更容易出现非理性情绪的高涨，过高、无理的诉求也会更多。同时，群体性纠纷也潜伏着更多的危机：很容易冲突升级，而且往往是来势凶猛、一触即发，一旦没有处理好，就有可能激化矛盾，甚至酿成群体性事件。因此，进行群体性纠纷的调解不仅仅需要一般的调解技能、训练和经验，更是需要勇气和智慧，既需要掌握群体心理和行为的一般规律，也需要在面对群体性纠纷时，能通过观察和沟通，迅速把握当事群体的特征和问题解决的关键；同时需要当机立断，使可能升级的冲突及时得到控制。因此，无论对多么有经验的调解员而言，群体性纠纷的调解都是一种挑战，一种勇气和智慧的双重挑战！

第七章　中国文化心理与调解

在一次基层调解的调研中，笔者随同一位乡村调解员来到了他的一个当事人老李的家中。当时李家人正与邻居陷入了僵持不下的纠纷中（他们认为因为正在盖新房的邻居地基处理不当，导致李家的房屋地基下沉、墙体裂缝，就责任认定和赔偿条件的问题，双方陷入争执），调解员已经为此事走访了李家多次。当调解员出去找李家的邻居谈话时，李家的二女儿（在之前的谈话中，话最多，态度最强硬）给笔者添了一杯水，然后表达了对调解员的不满，先是说调解员效率低，根本不可能解决好这个问题，所以他们已经打定主意要求仲裁了；接着又很生气地说："这个人（指调解员）头一次进我屋里（我家），就问我爸有几个儿子，他这是什么意思？是觉得我们家好欺负吗？"笔者这才发现，老李家到场的家属，是大女儿、二女儿和小女婿，老李只有三个女儿，没有儿子。可能是当地仍然保有乡土社会的一些传统观念，认为有儿子的家庭才有顶梁柱，当与外人发生纠纷时才有底气。因此当调解员问及李家有几个儿子时，李家人觉得是对他们的挑衅，感觉到愤怒。笔者愿意相信，这是调解员的无心之失，他的原意也许只是询问李家的人口结构情况，但是提问的方式却有些不合时宜。所谓的"时宜"便是当时当地的风土人情，更抽象一点来说，便是当时当地的"文化"。即便听见了李家人的申诉，西方的调解员恐怕也无法理解，询问当事人家有"几个儿子"究竟又冒犯了什么？相比之下，在西方文化中，更不应该随便询问的是女性的年龄——这便是文化差异。

不同文化类型是有差异的，这已经是共识，但是有哪些差异？各文化是在程度上不同还是性质上不同？社会心理学家是否应该通过将某种文化与其他文化进行比较来理解这种文化？还是应该研究某种文化附带的规范性意义如何在社会和历史中形成，以此来寻求对该文化的理解？持不同看法的社会心理学家采用了不同的文化研究路径：全球化路径和聚焦性路径。

全球化路径是指那些认为文化在程度上有所区别的社会心理学家确认出了文化的基本维度，并用这些维度比较了世界各地的文化。这些维度通常被称为泛文化维度，他们如同地理学中的经纬度，组成了一个坐标系。我们可以通过世界各地的文化在坐标系中的位置来对他们进行描述。比如权力距离、个人主义－集体主义维度等都属于泛文化维度。这种描述文化的路径常被称为跨文化的或客位的路径。

聚焦性路径是立足于某种文化的本土，使用地方概念即用所研究文化中的本土概念来描述一个文化。这一路径关注地方概念的文化专属意义，考察概念含义在不同文化环境和不同文化时期的细微地方差异。中国本土心理学的研究正是以这样一种路径来描述中国的本土文化心理的，中国近代的心理科学缺乏自己的根基，一直以来都是舶来西方的研究范式、理论、概念与方法，因此在研究中国人时，存在着将中国人当美国人、英国人或德国人来研究的倾向。为了超越这种困境，自20世纪70年代开始，杨国枢、李亦园、文崇一等学者在台湾率先试图推行“社会及行为科学研究中国化”的学术运动。在选择研究课题方面，如杨国枢曾指出的那样，多从中国人之特有的心理与行为现象（如孝道、关系、缘分、面子、人情等）入手，因为这些存在于中国文化中特有现象最能反映中国社会与文化因素的特点及影响。① 在接下来的内容中，读者们将看到的关于“人情与面子”“气”“中庸”等相关理论与研究，均是近三十多年以来学者们立足于本土文化的聚焦性研究的成果。

一、人情与面子

案例7.1　“李高之争”：中国式离婚中的人情与面子

李涛（男方化名）与高艳（女方化名）都是山东省西部某县G村人，2003年经媒人介绍结婚，次年有了女儿乐乐。2006年，李涛在县城开了一家汽车修理店。2008年3月，夫妻因生活琐事发生争执并相互动手，双方均未受伤，高艳负气回娘家。二十天后，李涛带礼物登岳父门请妻子回家，被拒之门外；第二天登门又吃闭门羹，高母盛怒之下甚至用镢头将李涛横骨打伤，后经拍片检查伤无大碍。

此后一个月内，李家多次请高艳回家未果，两家关系陷入僵局。据高艳母亲与姐姐高丽讲，因高父瘫痪，高艳弟弟高朋做了上门女婿，家里希望李涛能给高家多些照应，但婚后李涛令高家失望，基本没帮高家干过活，也很少给高家钱

① 杨国枢：《本土心理学的开展》，桂冠图书股份有限公司1993年版，第6－88页。

物。而且，高母埋怨李涛之母在整个事件中偏向自己的儿子。因此，李涛虽多次登门赔礼道歉，高家始终冷眼相对。

多次努力无望，李涛提出了离婚诉讼。在法官的调解下，两家正式坐下来谈判。高家提出让李涛每月支付岳父母200元赡养费，高艳跟李涛回家；李涛认为自己目前经济有困难，但同意每月孝敬的钱由最初提出的100元增加到150元，高家仍不同意。11月19日，在先期确定的判决日，双方到庭，在调解基础上达成协议：双方离婚，女儿归李涛抚养，女方不支付抚养费。

离婚后，高艳在县城做服务员，居无定所，生活过得不好。她曾单独或由弟弟高朋陪同找到李涛，希望复婚。面对这种局面，高母嘴硬心虚，对复婚的计划有所期许又碍于面子不明确表态。高母在家等李家登门提复婚的事，但这时李涛提出，李母希望高家主动派人到李家提复婚一事。高母终于下定决心："我说散伙吧，散伙吧……他娘是八头牛也拉不回来……让俺儿到他那儿跟他娘说说去，这样的事他娘都办出来了。叫俺给她说好的去。你说有这号事吗？"到此，两家情分殆尽。2011年，李涛与高丽分别组建家庭，李涛找了一个比自己大的离婚妇女，没有小孩；高艳则找了一个离异男性，带一3岁女孩。①

这是一起典型的中国式离婚。李涛与高艳虽经媒人介绍成婚，但共同生活的基础还有。一来同村，不存在文化差异；二来李涛还算能干，有一技之长；三来婚后有了子女。尽管生活中有争吵，高艳甚至因此跑回娘家，但这些在农村属常见的夫妻矛盾，没有恶化到非离婚不可的地步。不过，当高艳回到娘家，李涛迟迟没有反应的时候，矛盾就由两个人扩展为两家人，性质也由简单的夫妻二人感情矛盾扩展为两个家庭间的经济纠纷、面子纷争。因为意气用事"闹离婚"，加上双方家庭的介入，导致最后真正离婚的例子在中国不算少，但"李高之争"让人扼腕叹息的地方还有"复婚"一节。前期高艳受母亲及姐姐影响，一味维护高家的颜面，加上意气用事，导致离婚；后来发现离婚后的日子不好过，后悔之余有了复婚的想法，此时李涛也并非不同意，毕竟一个人带着女儿，还要照顾修理店，不是那么容易。但此时，要正式复婚就牵涉到了两个家庭：究竟由谁先提出来？先提出的一方意味着先低头。高家尤其是高母认为，按农村风俗，没有女方先提出来的理儿，等李涛先到高家正式提出；李家尤其是李母则认为，你家闺女希望复婚，况且离婚高母有责任，要想复婚，你们高家要先到李家给个说

① 材料来源：刘正强：《新乡土社会的事件与文本——鲁县民间纠纷的社会学透视》，上海社会科学院出版社2012年版，第42－96页。

法。谁也抹不开面子，僵持的结果是可能的美好结局再也不可能出现。

中国社会是关系社会，也是人情社会。讲人情、重面子，是中国人性格中的典型特点，同时也是影响人际互动（包括冲突与纠纷）的一个非常重要的因素。

（一）人情、面子：隐性的社会秩序

中国的社会秩序有两种类型：一是显秩序，即依靠权力、法律、规范、命令等推行的秩序；二是隐秩序，即由自发适应性交往构成的交往伦理和关系伦理秩序，包括关系、人情、面子等，依靠习惯、权威、舆论等来约束。隐性秩序是一种非正式制度安排，不具有强制性，但它却与社会生活紧密相连，在日常生活中无处不在，成为人们普遍遵循的民间法或习惯法，不同程度地影响甚至主导着人们的思想观念和行为选择。

案例 7.2　家务调解中的“脸面”因素：以《红楼梦》中一案为例

在《红楼梦》第 45 回讲了这么一件事：

贾府管家赖大的儿子要到外地州县任官员，赖大之母及其妻到贾府请女眷赴家宴。王熙凤等人问日子定了没有，赖大家的（赖大之妻）忙道：“择了十四的日子，只看我们奶奶（注：指赖大之母赖嬷嬷）的老脸罢了。”……赖嬷嬷笑道：“我才去请老太太（贾母），老太太也说去，可算我这脸还好。”

赖嬷嬷准备走时，又提起一事，问凤姐为什么要将周瑞的儿子撵走。凤姐解释了原因，大致是说前天凤姐过生日，周瑞的儿子醉酒怠工，失手撒了寿礼并骂了责问他的丫环。“……这样无法无天的王八羔子，不撵了作什么！”赖嬷嬷笑道：“我当什么事情，原来为这个。奶奶听我说：他有不是，打他骂他，使他改过，撵了去断乎使不得。他又比不得是咱们家的家生子儿，他现是太太（贾政之妻王夫人）的陪房。奶奶只顾撵了他，太太脸上不好看。依我说，奶奶教导他几板子，以戒下次，仍旧留着才是。不看他娘，也看太太。”凤姐听说，便向赖大家的说道：“既这样，打他四十棍，以后不许他吃酒。”赖大家的答应了。周瑞家的磕头起来，又要与赖嬷嬷磕头，赖大家的拉着方罢。①

对不守规矩的下人一向严厉责办的王熙凤，为什么破例对周瑞之子网开一面？有两个原因，一是如赖嬷嬷所讲，周瑞是王夫人那边的人，撵走他的儿子会让王夫人“没有面子”；二是给赖嬷嬷出面说情，顺便也给她一个面子。给王夫人面子可以理解，但赖嬷嬷是个家人，为什么会给一个她这么大的面子？原来，

---

① 材料来源：曹雪芹、高鹗：《红楼梦》，岳麓书社 2001 年版，第 306－307 页。

贾府有个传统，年高服侍过父母的家人，比年轻的主子还有体面，连贾母都对赖大之母客客气气，凤姐不能不顾及这一点。再看赖嬷嬷，虽是下人，但会做人，“多年的媳妇熬成婆”，在贾府渐渐挣得一些体面，在贾府女眷内讲话有些分量。所以，她敢于、也有把握在凤姐目前替周瑞之子求情。求情成功，再次证明“我这脸还好”。此外，王夫人跟前的人周瑞之妻对她感激涕零，“要与赖嬷嬷磕头”，并从此欠下赖家一个人情。人情、关系、面子，在贾府的人际交往中，体现得淋漓尽致。

虽然现代化的中国强调以法治国、依法办事，但关系、人情、面子所构成的隐性社会秩序依然是中国社会的底色，渗透在社会生活的各个领域，在处理各种社会矛盾、解决各种社会纠纷中发挥重要作用。

1. 人情及人情法则

在中国人的社会交换体系中，人情是一个核心概念。台湾学者黄光国在《人情与面子：中国人的权力游戏》一书中认为，人情蕴涵着丰富的内涵，人情及人情法则包括以下三点①：

第一，人情是一个人在面对多种多样的日常生活时基本的情绪、情感反应。《礼记》中说“何为人情？喜、怒、哀、惧、爱、恶、欲，七者，非学而能。”一个通晓人情的人，就是具有“同情心”的人。如果他能知晓别人不同情境下的情绪反应，进而喜其所喜、哀其所哀，甚至投其所好、避其所恶，这个人便是通情达理的人；反之，如果他对别人的喜怒哀乐无动于衷，便是不近人情。

第二，在社会交易中，人情可以被看做一种用来馈赠对方的资源。别人有喜事，我赠送礼物；别人有急事，我给予实质性帮助。这时，我便是“做人情”给对方。对方接受了我的礼物或帮助，便欠了我的人情。案例 7.2 中，赖嬷嬷替周瑞向凤姐求情，凤姐应允。这一行为中，凤姐“做人情”给赖家，同时周瑞家欠下赖家一个人情。人情作为一种资源，不仅可能包含具体的金钱、财货或服务，而且还包含抽象的感情。因此，人情不易计算，“人情债难还”。

第三，人情是中国社会人际相处的社会规范和道德义务。人情的社会规范主要包括两大类行为：首先，人们在平时相互馈赠礼物、问候拜会，借此保持关系网内的良好人际关系，所谓“有来有往，亲眷不冷场”。其次，当关系网内的某人遭遇天灾人祸或贫病困苦，其他人应当有“不忍人之心”，同情他、体谅他，

① 黄光国、胡先缙等：《人情与面子：中国人的权力游戏》，中国人民大学出版社 2010 年版，第 12－14 页、第 75 页。

并尽量帮助他，“做人情”给他；对方受了别人恩惠，欠了别人人情，也应当时时想办法回报，所谓“滴水之恩当涌泉相报”。这样的社会规范，就是人情法则。案例7.1中，高艳回到娘家，李涛登门赔罪，但高家始终冷眼相对。其主要原因并不是夫妻吵架，而是高母和高艳之姐都认为这个女婿太不懂人情世故。高家缺少男劳力，当时之所以将女儿嫁给李涛，就是看中李在本村，平时可以多帮高家分担一些体力活，逢年过节也方便孝敬岳父岳母，发挥“一个女婿半个儿”的作用。但李涛一结婚，就带妻子去东北打工三年多，回到家乡也甚少钱财或礼物送给高家。因此，对李涛不满已久的高家，通过“回娘家”事件借题发挥，多次为难李涛，甚至不惜牺牲高艳可能早日到来的“夫妻团聚”。

此外，在特定的情境中，人情被用作关系的同义词。人们也会讨论他们拥有多少人情，而事实上他们指的是他们的关系网的规模。

2. 面子与脸

与人情紧密相关的另一个概念是面子，在此基础上发展出诸如“爱面子”“给面子”“争面子”“留面子”“看我的面子”“面子上好看”“顾惜脸面”等日常生活中的常用语汇。“面子”是中国人观念中非常重要的东西，也是任何一个在中国生活过或接触过中国人的人都能感受到的文化心理现象。[①] 19世纪末，美国来华传教士明恩溥（Arthur H. Smith）在其《中国人的特性》一书中，将“面子”看做是中国人性格的第一特征，是打开中国人许多重要特质的“一把钥匙”。[②] 鲁迅很同意明恩溥的观点，认为掌握中国国民性最重要的关键便是“体面”。在《说“面子”》一文中，鲁迅指出：“在外国人看来，‘面子’这一件事情，很不容易懂，然而却是中国精神的纲领，只要抓住这个，就像……拔住了辫子一样，全身都跟着走动了。”[③] 林语堂在《吾国与吾民》中将人情、面子、命运看成是统治中国的三位“女神”，面子又是其中最有力量的一位，中国人正是为它而活着，它“抽象而不可捉摸，但是却规定了中国人社会交往最精致的标准。”[④]

那么，该如何定义面子？人类学家胡先缙认为，在华人的日常用语中，“面子”代表在中国广受重视的社会声誉，这种声誉的获得，依靠人生历程中因步

① 翟学伟：《人情、面子与权力的再生产》，北京大学出版社2005年版，第129页。

② ［美］明恩溥：《中国人的特性》，戴欢、代诗圆译，湖北长江出版集团2011年版。

③ 该文最初发表于一九三四年十月上海《漫画生活》月刊第2期。

④ Lin Yutang，My Country and My People. New York：John Day Press，1935.

步高升而取得的成就或受到的夸耀，依靠个人努力或刻意经营累积起来。[①]“面子”有时也称为“脸”“脸面”，意思基本相同。若细加区分，两者也有不同。成中英认为，“面子”比“脸”多元化，每个人只有一张脸，但他在不同的场合及位置上却拥有许多个“面”。[②]从这个意义上可以说，“面子”更多与个人的社会地位有关，具有社会性，在不同的场合，一个人的“面子”有大有小，有“好使”“不好使”之分；“脸”则更多与个人的品性有关，具有道德性，它代表个人最基本的尊严及值得尊重的品质，不能丧失或有所损破，“不要脸”是对一个人道德品质的严厉指责。

（二）人情、面子与社会调解

1. 面子与纠纷的产生

在中国社会，导致民间纠纷的因素有很多，“面子”是其中重要的一个。有学者把产生纠纷的“面子”因素归为四类[③]：

一是要面子。一方希求通过社会的良好评价来获得一种好的名声和荣耀，但另一方却不能让他实现这一目的，索要面子的一方会对不给面子的一方产生怨恨情绪，进而可能引发矛盾和纠纷。比如，在一个大家族中，晚辈希望在家族事务中发表意见，以积累自己在家族中的声望，如果族长或长辈当面驳回他的请求，这个晚辈在没有达到目的的情况下，很可能当面顶撞族长或长辈。不给面子的极端方式是羞辱、给对方难堪、让他脸面丢尽（尤其是其他人在场），这就可能将双方的对立情绪推向高潮，使隐埋在心中的愤懑暴发，进而可能采取争吵、报复、暴力等“秋后算账”的方式。[④]

二是争面子。就是攀比和竞争，希望在任何可能获得公众有利评价的事情上超越对方。两支球队为给自己所在的城市、单位争面子，在比赛中常常会动作过大或故意犯规，由此而引发双方球员之间发生口角、推搡甚至打架的事件不在少数。鲁迅在《说“面子”》中也举过因争白衣不遂而打人的例子：

---

① 黄光国、胡先缙等：《人情与面子：中国人的权力游戏》，中国人民大学出版社2010年版，第75页。

② Cheng, C. Y. The concept of face and its Confucian root . Journal of Chinese Phiosophy. 1986. p13, p329－348.

③ 易军：《面子与纠纷解决：基于法社会学的分析》，《西北民族大学学报（哲学社会科学版）》2011年第4期。

④ 易中天：《闲话中国人》，上海文艺出版社2009年版，第90页。

九月三十日的《申报》有一条新闻：沪西木匠罗立鸿，为其母出殡，邀开“贳器店之王树宝夫妇帮忙，因来宾众多，所备白衣，不敷分配，其时，适有名王道才，绰号三喜子，亦到来送殡，争穿白衣不遂，以为有失体面，心中怀恨……邀集徒党数十人，各执铁棍，将王树宝家人乱打，多人受有重伤……”白衣是亲族有服者所穿的，现在必须“争穿”而又“不遂”，足见并非亲族，但竟以为“有失体面”，演成这样的大战了。这时候，好像只要和普通有些不同便是“有面子”，而自己成了什么，却可以完全不管。①

三是顾面子。自我要提高社会声誉，必须考虑、顾及自身的颜面。“顾面子”与“要面子”“争面子”有区别：要面子是通过别人给面子才能维持自己的尊严，争面子是在竞争中通过压制对方获得尊严，而顾面子既不是别人给，也不是自己争，而是通过自己的行为取向留住面子而不失去。在中国社会，为保住面子而不惜与他人交恶甚至发生纠纷的现象非常普遍。王熙凤为了保住主子的体面和尊严，差点没有考虑王夫人这层关系，准备将周瑞之子撵走。在王熙凤看来，醉酒、撒寿礼、将自己派去的人骂了，这些行为简直就是“无法无天”、目无主子，必须严厉惩处。

四是失面子。有点社会地位和脸面的人，在面子失去后，心理失衡或挽回面子的做法可能引发与他人的纠纷和冲突。电影《秋菊打官司》中秋菊丈夫庆来骂村长“断子绝孙”，这在重男轻女的农村是一件让人没面子的事情，村长的暴力意识被激发，踢伤了庆来。秋菊上告，上面判村长赔偿200元，村长却将钱撒在了地上，让秋菊从地上捡起来。村长的想法是：你一个小小的村民居然敢上告村长，让我这村长的权威下降，在村里的名声丢失，所以要让你秋菊受点屈辱，挽回我丢失的面子。可秋菊却偏偏没有“给”这个面子，没有从地上捡钱，并且不断上访，导致了这场纠纷的升级和复杂化。

无论是索要、竞争、保全或是失去面子而导致的纠纷，都不是基于经济意义上的理性计算，而是基于人情世故的考量，基于人际关系的盘算。

2. 利用“人情”“面子”做调解

人情、面子既可能引发纠纷，又可能影响纠纷的解决方式和结果。一个优秀的调解员，应该分析纠纷当事人双方在人情、面子方面的诉求，迅速找到问题的根源和纠纷解决的关键；应该根据具体情境，在充分照顾双方面子的基础上展开调解，在讲人情的基础上“晓之以理，动之以情，用之以法”，实现高效调解。

① 材料来源：鲁迅：《说面子》，该文最初发表于一九三四年十月上海《漫画生活》第2期。

具体来说，社会调解中可以使用的人情、面子策略主要有：

一是给面子。对纠纷当事人而言，“死要面子活受罪”，为了维护自尊以及虚荣心，不惜采取一系列自苦行为，是有时纠纷发生和得不到解决的根本原因。比如秋菊与村长相互不给台阶下，无法达成谅解和妥协，求助于官方手段而不看面子的结果是：秋菊虽然官司赢了，但她要的说法并没有得到；村长要的面子不但没有要回，反而出现比失面子更严重的治安拘留。在这种情况下，调解员首先要从人情出发，给双方以面子，尊重各自的立场，安抚双方情绪；其次，引导双方“换位”思考，相互给对方留些面子，防止情绪失控引发过激行为，导致矛盾进一步激化；然后，双方都有了面子，僵持的局面缓和下来，再从法理、情理出发，引导双方心平气和地坐下来谈判，和解的局面才有可能出现。

二是看面子。看面子是看在某人的面子上，即通过在场的第三方居间调停、斡旋而获得纠纷解决。中国不像西方有公平决斗的观念，诉诸暴力时已经承认理性说不通，一旦发生争斗，双方就比谁的力气大，而不管谁是谁非。在这种情况下，调解员可以请出纠纷双方都比较熟悉、信任的第三方（有时调解员自己就是这样的人）。这个中间人会将争吵的双方拉开，对他们讲道理，直到双方罢手，停止争执。为增强说话的效力，他通常会说“看我的面子”之类的话。双方“不看僧面看佛面”，在中间人面子的作用下，常常愿意接受调解。在这里，“面子”作为一种非正式权力，影响或支配纠纷当事人的选择，形成和解的结局。

三是借面子。调解员通过不在现场的第三方的人情、权力（权威），借其面子的影响对当事人双方或其中一方施加压力，促使纠纷解决朝自己预期的导向发展。这种方法其实就是通过借别人权力的威慑力来对当事人产生影响，使纠纷双方或其中一方也给不在场的第三人一个面子。面子在此被转化为一种资源，对调解员有利，对当事人双方或其中一方有社会控制作用。使用这种策略，需要第三方确有权威影响能促使对方当事人息事宁人。如果这种面子影响是假的，可能借面子失效甚至反失面子。

四是“和”面子。这一策略是针对争面子而起的纠纷。争面子的双方，不是一定要把事情的因果对错分个明明白白，更多的是“争”一口气，追求的是面子上的好看。调解员此时可以充当“和事佬”的角色，引导双方不追求过分“荣耀”的面子，适当妥协让步，给对方些面子，自己得些面子，就是所谓的“和”面子。他可以劝说当事人“太挣足了面子未必是好事”“得饶人处且饶人”“见好就收”“吃亏是福”等。这一策略，符合中国人追求公平的心理，最后的结果很可能是“皆大欢喜”，变“两败俱伤”为“双赢”局面。案例7.1“李高之争”中复婚一节，在两家都有复婚意愿但因“争面子”都不愿主动提出的情况下，没有调解员出面“说和”，导致“破镜”无法“重圆”，复婚失败。

二、气与气场

在调解工作中，中国的调解员经常会用“和气生财”“气大伤身”“气大不养人”“人不可任性赌气”“不要意气用事”这类的话语来劝解纠纷双方互谅互让，化解纠纷。很多纠纷当事人却常常表示“咽不下这口气”，进而用“人活一口气”“做人要争气”等诸如此类的话语来为自己的各种抗争行动与权利要求提供合理性证明。从这些普通的日常用语当中，我们可以发现，作为中国传统文化的基本元素之一，“气”在当代中国基层纠纷化解中的文化价值与心理影响力。“为气而斗争”的图景常见于当代中国基层社会平常的人际关系与矛盾纠葛之中。实际上，“气”在中国传统文化中的意涵相当繁杂，大致可区分为三个层面的含义：

第一，将“气”看做是构成一切物质的基本元素，因此它构成了中国思想史上一个较为抽象的本原性范畴。如《易系辞上》说：“精气为物。”《管子·内业》说：“精气者，气之精也。”“几物之精，比则为生；下生五谷，上为列星；流于天地之间，谓之鬼神；藏于胸中，谓之人，是故名气。”《庄子·健生》说：“气合而为体，散而为始。”汉代学者王充继“气”唯物主义之大承，提出了系统的“元气论”。王充的“天地，合气之自然也，”“天地合气，物偶自生”的观点，说明了天地是由“气”这一物质元素构成的自然。王充还指出作为有生命的人，也是由“气”转化而成的。“气凝为人”（《论衡·无形篇》），“人禀气而生，含气而长”（《论衡·命义》）。

第二，将“气”解释为一种抽象复杂的“精神现象”。如三国时期曹丕将“气”视为文学创作风格的美学术语，提出了“文以气为主，气之清浊有体，不可力强而致”的主张。宋齐年间，刘勰将“气”理解为气质，是指人的一种生理心理素质。他在《文心雕龙·体性篇》中说：“气有刚柔”，又说“风趣刚柔，宁或改其气？”这里的气又有了“风骨”的意味。

第三，将“气”理解为一种灵活多变、抽象晦涩的日常生活用语，如“运气”“景气”“气数”、小气”“义气”“喜欢斗气”等。应该说，作为日常生活用语的“气”概念，与前面作为物质基本元素与复杂精神现象的“气”概念间存在着千丝万缕的复杂联系。如“运气”“景气”“气数”之类的概念，说的是某种神秘的精神力量，而“小气”“义气”“斗气”等则与人的精神气质相联系。在日常生活层面，“气”指的是一种与个体差异相联系的外在行为逻辑与内在心理特征。

（一）“出口气”：基层纠纷的一种文化心理

案例 7.3 “出口气”引发的纠纷

2013 年 10 月 21 日上午，平和县文峰镇龙山村刘平与同村林雄峰因宅基地纷争大打出手，刘平受轻伤。下午，刘平儿子刘振宇听说父亲被打，且当时林雄峰的哥哥林高峰在场旁观，就怀疑是林高峰在背后指使其弟林雄峰生事。2013 年 12 月 19 日凌晨零时，刘振宇喝完酒后，为了出口气，就借着酒胆来到林高峰的加油站，先用木棍砸坏加油机，又拖下加油枪欲用打火机点燃，所幸打火机被随后赶到的林高峰夺下……①

案例 7.4 闹事只为女友“出口恶气”

廖阿龙的女友在长安镇太阳商城经营一家服装店。2013 年 2 月，因店铺转让问题，廖阿龙的女友与邻铺“天天美”饰品店店主王芳发生纠纷。见女友非常生气，廖阿龙很心疼，但又想不出什么好办法，就决定偷偷放火烧掉“天天美”，好为女友“出口恶气”。

3 月 1 日，廖阿龙纠集老乡陈何军、王波两人到长安镇一出租房，合谋放火焚烧“天天美”饰品店事宜。期间，他们准备了铁锤、汽油、打火机、手套、口罩等作案工具，并由阿龙驾驶一辆长安之星小型面包车载陈何军、王波到商城路段伺机作案。

3 月 2 日清晨 7 时许，廖阿龙、陈何军、王波携带上述工具来到饰品店门前，廖阿龙先用砖头、铁锤将“天天美”饰品店玻璃门击破，然后准备和陈何军、王波一起将汽油泼入店铺内。这时，恰好治安巡警王光明、刘长发等人驾车值勤路过商城，将廖阿龙三人带回了派出所……②

从上述两个案例可以看出，基层社会的很多纠纷并非出于纯粹的经济利益之争，可以说经济利益只是矛盾激发的原因之一。从案例 7.3、7.4 可以看出，刘振宇喝酒后为了给被打的父亲出气、想放火烧掉林高峰的加油站；廖阿龙为了给

① 案例来源：2013 年暑期笔者对湖南湘潭地区基层调解的实地调研。

② 案例来源：新浪网新闻，Http：//hb. sina. com. cn/news/sh/2013 - 03 - 08/144058089. html。

女友出口恶气，纠集老乡打砸并欲火烧“天天美”饰品店。总之，基层社会中“斗气生事”、为“出口气”而制造事端、侵犯他人权益的矛盾冲突并非少见。

“气”是中国民众普遍使用的一种日常生活用语。和“面子”“人情”一样，“气”也是中国社会中，尤其是乡土社会人际互动逻辑中一种重要的心理机制。我国古代社会素来有“厌讼”的传统，社会大众长期浸润于“和”文化的影响与熏陶之中。通常情况下，民众个体即便遭受些许侵害，往往不敢也不愿正面抗争。改革开放以后，随着法制建设的发展、义务教育的普及，虽然民众法权观念增强，经济意识大幅提升，但是通常情况下一般人仍然不会让自己轻易陷入到纠纷之中。但是，当面临重大的经济损失或严重的情感伤害时，中国人那种从“人活一口气”的文化认同，到“咽不下这口气”的伤痕反应，再到“为气抗争”的斗争逻辑就会发生。尤其在乡村地区，农民遭受侵害时，往往喜欢将他人对自己的经济损害、人身伤害等都理解成他人对自己的“欺负”“欺侮”。在这种情况下，那种负气抗争、任气闹事的文化心理就会发生作用。在矛盾纠纷的发生逻辑中，“气”主要指的是一种反击不公、抗拒强力的驱动力，是中国传统文化中不惜一切代价来抗拒蔑视和羞辱、赢得承认和尊严的一种人格价值展现方式。

总之，目前我国基层社会的很多纠纷，经济纠葛是其显性的重要原因，而一种基于人格尊严、情感冲突的“气”的冲突也不容小觑。不少纠纷当事人之所以制造事端或不愿意和解，只是为了“争一口气”或“出一口恶气”。这种“为气抗争”的心理模式，与西方社会常见的“为权利而斗争”的模式存在着显著的差别。因此，“气”成为理解中国民众从“和为贵、忍为上”，“和气生财”的基本生活态度转向直面冲突、抗争到底，“只为出口气”的斗争逻辑的关键所在。

（二）“气场”：基层群体性纠纷的一种发生机制

一般而言，中国底层民众大多比较隐忍，多数中国人在遭受利益侵害时，因为怕惹事、怕麻烦，所以经常消极退让。少数即便选择了上访、向相关部门反应情况等方式寻求权利救济，但一般情况下并不会过分执拗，往往在经过几番折腾无果后就自然地偃旗息鼓、自行消解了。应该说，“多一事不如少一事”是底层民众的普遍心理，但是如果利益受到损害的并非单个个体，而是一个相对稳定的群体，情况就可能大不一样。特别是当受损利益对受侵害群体而言比较重要时，或者侵害情节很恶劣，或者侵害人态度过于嚣张等，就会诱发受害群体强烈的屈辱感并随之发生激烈的对抗行为。此外，受群体心理的影响，受害群体成员的个体对抗行为会互为支援、相互感染。这样一来，因人多势众，群情激昂，再加上法不责众的潜意识影响，利益受损群体成员间有形无形地相互打气，其权利抗争就容易从“消极退让”转向“积极表达”。尽管如此，利益受损群体的集体权利诉求行为仍然容易中途放弃或突然停止，因为如果没有相对严密的组织行为，集体维权行为要想从简单的“积极表达”发展成有组织的“有效维权”，仍然是相对困难的。“枪打出头鸟”的危险意识使得一般民众不愿出头，而是想隐身在众人中随波逐流。而“搭便车”心理的普遍存在又使得一般人都希望从别人的抗争行为中“渔利”等，这些都使得集体维权行动常常是举步维艰、难以为继的。因此，当群体面临利益损害时，有效对抗行为的产生，需要特定条件的出现。这种特定条件，从传统文化的角度来看，就是通常所说的“气场”的形成。

案例 7.5 “气场”激化下的大规模群体性纠纷

C 区是国家一个大型水库工程的移民聚集区。红光路位于该区的商业区，人流量很大，距离区政府办公大楼仅300米左右。赵力宗是C区一个水果批发市场的临时工。2004年10月18日下午1时许，一个叫李承奎的农民工在途经红光路时，其肩上的扁担撞了在后行走的赵力宗妻子。赵妻上前打了他一耳光，赵力宗也冲上前去，将他的扁担夺过来，朝他的腿猛打。赵力宗边打边说自己是公务员，出了什么事，花钱就可以摆平，甚至可以出20万要李承奎的命。赵妻也说自己家里很有钱，围观的民众谁要来帮打李承奎的耳光，一记耳光她可以给20元。此刻，在场有不少群众表露出不满，大家说：“凭什么为这么一点小事毒打人家？更何况他已经道歉！”围观的群众逐渐增多。人们开始传说赵力宗的身份是区国土局的副局长，他因一个小小的身体碰撞，竟然用扁担打断了一个农民工的腿，大家应该出来为弱者打抱不平。

当地派出所赶到事发现场时，已过去了半个多小时，围观群众已是人山人海，且义愤填膺。民警来现场后，向双方简单询问了事情经过，然后说要将三个当事者带回派出所调查处理。这时有人说：“天下当官的是一家，棒棒（当地人对进城农民工的称呼）被打是得不到公正处理的！”在场群众闻言，拒绝让警车启动。而警察未能有效地劝阻群众，致使警民对峙了三个小时左右。这时围观者已增至数千人，传言中更增加了官官相护的内容。区政府后来派一位副区长向围观群众表明，政府将依法严肃处置此事，不会包庇任何人，并劝说人们离开。下午5点左右，三个当事人最终被民警带离了现场，但围观群众并没有散去。

在尚未出现大规模骚乱的情况下，区政府为防止意外，开始调来大批警力。

大批警察的出现使现场气氛更显紧张，各种传言继续扩散，传言这时又增加了政府派警察前来镇压打抱不平的群众的内容。这最终让群众的不满情绪突破了火山口，喷涌而出。下午6点，群众砸烂烧毁一辆警车后，开始向几百米之外的区政府大楼集结。区政府大楼门前的广场能容纳几万民众。晚上8点左右，到区政府门前聚集的群众已达7、8千人，不断有人高喊着“交出凶手”“严惩凶手”“打倒官僚”等口号。开始时政府派出数十名官员，站在政府大楼门前的平台上维持秩序，用喇叭向民众喊话，呼吁民众保持冷静，劝说大家离去，并保证政府会公正处理打人事件。但愤怒的围观群众不但没有退去，还向平台上的官员投掷石块、花盆等物品。被砸伤的官员只得退进大楼，局面进一步失控。晚上9点左右，政府大楼门外的十余辆警车、政府公务车被放火焚烧，人群开始冲上原来官员停留的平台。防暴警察几度从政府大楼里冲出来，欲将民众从平台上清退。而一些失去理性的群众投掷石块将警察砸伤，还砸毁了政府大楼的玻璃大门，并砸坏了大楼内的十几间办公室。警民对立情绪不断激化，冲突不断扩大。警方后来使用催泪瓦斯等强制手段最终将冲入大楼的人群强行驱赶出来。

19日凌晨，一个副区长代表区委、区政府发表广播电视讲话，再度表明政府一定会查明真相、依法严惩肇事者。之后，围观民众开始逐渐离开现场。此后，一些积极参加打砸抢的人受到了刑事追究。①

如前文所述，“出口气”是当代中国基层纠纷的心理驱动力之一。而群体性纠纷中“气场”的形成，是“由未组织化的群众为了发泄不满，相互激荡而形成的一种特定的情感氛围”。在案例7.5中，赵力宗及其妻子为一点小事，对李承奎进行毒打，严重违背了一般人的道德判断，激发了在场他人心底的“愤懑之气”。而当赵力宗谎称自己是国家公务员，“可以拿钱来买命”时，其对底层百姓表现出来的极端骄横深深刺痛了群众敏感的神经，让民众对强权的“愤懑之气”瞬间集聚起来，凝聚成反抗“暴戾专横”的强大“气场”，最终导致了群体性纠纷的发生。由此可见，集体对抗的“气场”一旦形成，群体行动的车轮就正式开动、难以停止了。

三、尚和与中庸

案例7.6 中国传统社会冲突处理模式：以《红楼梦》中一案为例

① 应星：《“气场”与群体性事件的发生机制》，《社会学研究》2009年第6期。

《红楼梦》第六十回“茉莉粉替去蔷薇硝，玫瑰露引来茯苓霜”记叙了一场由玫瑰露、茯苓霜引发的纠纷。事件的经过是：王夫人房里发现少了玫瑰露和茯苓霜，有人在厨子柳家的房里发现了所谓的“贼赃”，于是就追究起来，认为柳家的是小偷。但是柳家的玫瑰露和茯苓霜是别人所赠，并非从王夫人房里偷窃而来，于是叫冤。平儿等人开始调查此事。大家心里清楚，王夫人房里的玫瑰露与茯苓霜其实是丫鬟彩云偷了给贾环了。平儿等人连哄带吓地也让彩云承认了此事：赵姨娘（贾环、探春之母）几次求彩云，彩云便偷了给贾环。彩云见事情闹大，一时“发羞恶之心”，不愿连累他人，要去向上面自首。平儿等人却觉得彩云去自首，必定会将赵姨娘牵扯出来，伤及三姑娘探春（赵姨娘是其生母）的面子，势必又会引起一场轩然大波。最后，大家同意了宝玉的意见，让他挺身说茯苓霜、玫瑰露是他拿去藏起来和小丫鬟们开玩笑的，就这样将大事化小、小事化无了。①

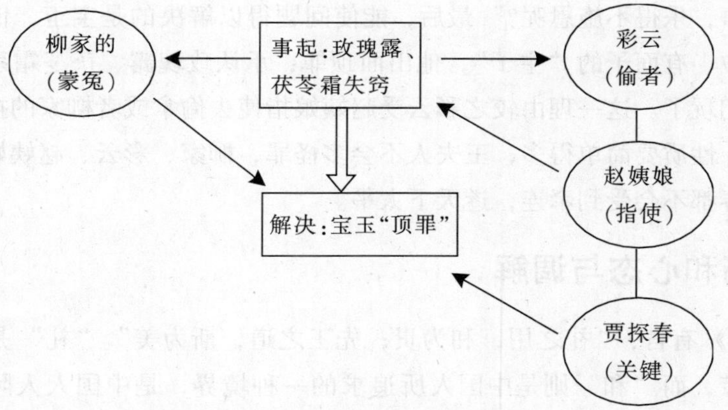

图 7.1　“玫瑰露、茯苓霜”事件示意图

“玫瑰露、茯苓霜”事件的处理，是一个典型的中国传统社会的冲突处理模式：首先，面对冲突与纠纷，最好的处理方式是以和为贵，“大事化小，小事化了”，顾全大局地求得一团和气，不能因为执着于“真相”或者个人利益而坚持“争”下去。当一向行事狠毒的王熙凤提议将王夫人房里的丫鬟们押在毒日底下曝晒，直到有人当众承认真相，拿出贼赃为止时，平儿是这么说的：“大事化为小事，小事化为没事，方是兴旺之家，若是一点子小事，便扬铃打鼓地乱折腾起来，不成道理。”这就是中国传统文化中典型的尚和心理。

① 材料来源：曹雪芹、高鹗：《红楼梦》，岳麓书社 2001 年版。

其次，在冲突纠纷已经存在的前提下，如何定纷止争，重新复归和谐呢？中庸之道是不二法门。从“玫瑰露茯苓霜事件”的处理结果上来看，也是典型的中庸策略。既没有让柳家的蒙冤受罚，也没有为了揭露“真凶”而伤及探春的脸面。在中庸思维中，前者为“不及”，后者为“过”，事情的两个极端往往都不是最佳的，唯有执两用中，根据当时的情境灵活选择最适合的方式才是高明的。如何才能找到最佳问题解决策略呢？中庸思维要求人们首先要能多方思考权衡各方利益和各种解决方式的利弊，并且能够整合各方观点和各种关系。然后要能把握好“度”，也就是能够灵活变通地看待和处理问题。在“玫瑰露茯苓霜事件”中，平儿比凤姐更懂得中庸之道，她劝凤姐不要大张旗鼓地拿出贼赃，将主使彩霞偷窃的赵姨娘揪出来，因为她能洞察到各层关系，预见到事态的发展对各方面的影响，将真相追查到底必定会引起一场轩然大波，更主要的是会伤及一个“好人的体面”。平儿这样劝过凤姐：“何苦操这心！得放手时须放手！什么大不了的事，乐得不施恩呢？”最后，能使问题得以解决的是宝玉，他在大观园里是有地位、有面子的“主子”，他出面顶罪，承认玫瑰露、茯苓霜系自己拿走去逗丫鬟们玩了。这一理由较之彩云受赵姨娘指使去偷拿或者柳家的操守不端而顺手牵羊，性质要简单得多，王夫人不会多怪罪，柳家、彩云、赵姨娘以及其牵涉到的探春都不会受到牵连，遂天下太平。

（一）尚和心态与调解

《论语》有言，“礼之用，和为贵；先王之道，斯为美”。“礼”是维系人际关系的纽带，而“和”则是中国人所追求的一种境界，是中国人人际行为的目的和旨归。李约瑟说：“古代中国人在整个自然界寻求自然与和谐，并将此视为一切人类关系的理想。”① 中国传统文化认为和谐是自然界和人际关系的常态，纷争则是对自然和谐的破坏，和谐要求人们在处理人际关系时做到仁爱和礼让。中国人在平衡人我关系与群我关系时，流露出来的尚和心态的“和”，其中心含义主要是相安、协调、适中、团结、平息争端之意，从现代社会心理学的视角来看，“和”的概念类似于社会心理学中讲的“和谐人际关系”“合作”等概念。中国有许多这样的谚语：“和为贵”“二人同心，其利断金”“内睦者家道昌、外睦者人事济”“和气生财”“家和万事兴”等，而“天时不如地利，地利不如人和”则将人事关系的和谐视为高于天时、地利等其他一切最重要的因素。“无

① 李约瑟：《李约瑟文集》，陈养正等译，潘吉星编，辽宁科学技术出版社1986年版，第38页。

讼”是和谐理想的追求之一，“无讼”取自于孔子所说的“诉讼，吾犹人也，必也使无讼乎”（《论语·颜渊》），意思是“若论听讼，我也和人差不多呀！必然要能使人不兴讼才好吧！”所谓“无讼”即指人与人之间和睦相处，纷争通过教化调解来解决，而不是通过官府付诸诉讼。诉讼被视为一种消极的社会现象，因为它偏离、扰乱了和谐的社会关系，是刁民借以争利谋私的工具，争诉本身缺乏道德上的正当性，只会使被破坏的人际关系继续恶化。无讼对传统礼治、对乡土社会的影响，重要表现之一是即使发生纷争也很少诉诸公堂，而是通过调解加以解决。

即便是经历了现代化的社会转型，“和为贵”的观念仍然深深地扎根在中国人的心里。汪凤炎等人曾对现代中国人的“尚和”心态做过一项问卷调查，对于“在下列诸种人际关系中，您最推崇哪一种？”这一问题，在所调查的人群中，约86.67%的人选择了“和谐”，约10.00%的人选择了“相互竞争”，约3.33%的人选择了“淡如水”，选择“冷漠”的人为0。“这组数据同样表明中国人最推崇和谐的人际关系。”而对于“您认为一个人应该怎样做才最容易获得一种和谐人际关系？”这一问题，绝大多数人的答案都有“不斤斤计较”“大方”“忍让”“谦虚”等字眼。对于您“认为哪些做法最容易破坏已建立起来的和谐人际关系？”这一问题，绝大多数人的答案中则有“心胸狭窄”“为小事争吵”“为鸡毛蒜皮事争吵”“好争”“不让人”之类的字眼。[①] 这都说明中国人不喜欢“争”“畏争”的心态。

中国人的尚和心态一直被认为是调解得以实现和发展的良好的文化土壤。现代中国的调解文化也是在这块土壤上生根发展，以此来影响大众。以湖南省郴州市宜章县的调解文化建设为例，在当地的调解室常常张贴着许多“劝和箴言”，比如“邻里乡亲同一村，哪个碟子不碰盆；有了纷争找原因，内心暖流可融冰。”宜章县结合民风民俗搜集一些劝和箴言、名言警句、民间谚语，加入现代法治文化理念和元素，整理出《处理农村矛盾三十六策》《调解工作三字经》《劝调歌》等调解文化作品。[②] 但是作为当代中国的调解员，也应当认识到传统的尚和、无讼文化中可能存在的一些问题。近代学者吴经熊在他的著作《中国旧法制的哲学基础》中对传统的相沿几千年的“非讼”、“无讼”观念曾大加鞭

① 汪凤炎、郑红：《中国文化心理学》，暨南大学出版社2004年版，第88–89页。

② 参见：郴州加强人民调解工作践行党的群众路线：劝和箴言形成独特“和文化”，载于《法制日报》2014年7月4日第008版。

挞，认为这种观念使民众容易落于“心理压迫”的状态，形成民众容易学的一种假冒伪善的脾气。[①] 这种观点虽说有些偏激，但也并非没有道理。封建社会的尚和文化追求的和谐、无讼，是建立在封建传统礼教基础上的，它与自由、平等、民主等现代法治精神相矛盾。如果一味地追求整体和谐，而忽视个人的尊严与诉求，那么就容易使人们做出勾心斗角、阳奉阴违、面和心不和等表里不一的行为；如果过度的追求表面的“和”，为了“无讼”而息事宁人，那么社会将失去规范与正义。因此作为现代调解员应当清楚，第一，在整个调解过程中，应当尊重当事人的个人意愿。第二，要严格按照调解程序，确保程序正义；第三，要明确签订和解协议并非调解的唯一目标，尊重和保护每一位当事人的正当权利、以当代的法律为调解的准绳，当代的地方风俗习惯只能作为调解的参考——这些都应当是和解达成的前提条件。

（二）中庸与调解

“中庸”是中国传统文化中，一个非常鲜明且重要的哲学思想，同时也深深地植根于中国人的文化心理中，“中庸之道”被孔子视为君子的最高道德。从哲学的角度来看，中庸之道实质上讲的就是一种方法论，其强调“无过”又非“不及”，最终目的是“求和”，主张因形势变化而顺应时势、权衡利弊，强调保持事物的稳定性，反对片面化、极端化，体现出求和谐、求稳定、求合宜、求适时的行为方法和思维方法，其精神与儒家的“和为贵”思想一脉相承，也是中国人为人处世，尤其是面对冲突时的普遍原则。从社会科学的视角来看，张德胜、金耀基等人认为中庸是一种理性，与工具理性、价值理性和沟通理性有共同之处，却不完全相同。中庸是以整全观的视野、自我节制的心态，求取恰如其分的最佳状态。杨中芳认为中庸是一种实践思维体系（如图 7.2 所示），包含着多元心理层次，分别为：集体文化思维层面（文化价值观）、个体心理思维层面（感知方式、动机和信念、价值）、个别事件处理（择前审思、策略抉择、执行方式）以及事后反思。本土心理学中关于中庸的构念基本上都是以古籍的论述或今人论述古籍的内容为基础，他们的主要差别在于，对“中庸”这一构念所界定的范围大小及着重点的不同。[②]

---

① 杨鸿烈：《中国法律思想史》，中国政法大学出版社 2004 年版，第 29 页。

② 杨中芳：《中庸实践思维体系探研的初步进展》，《本土心理学研究》2010 年第 12 期。

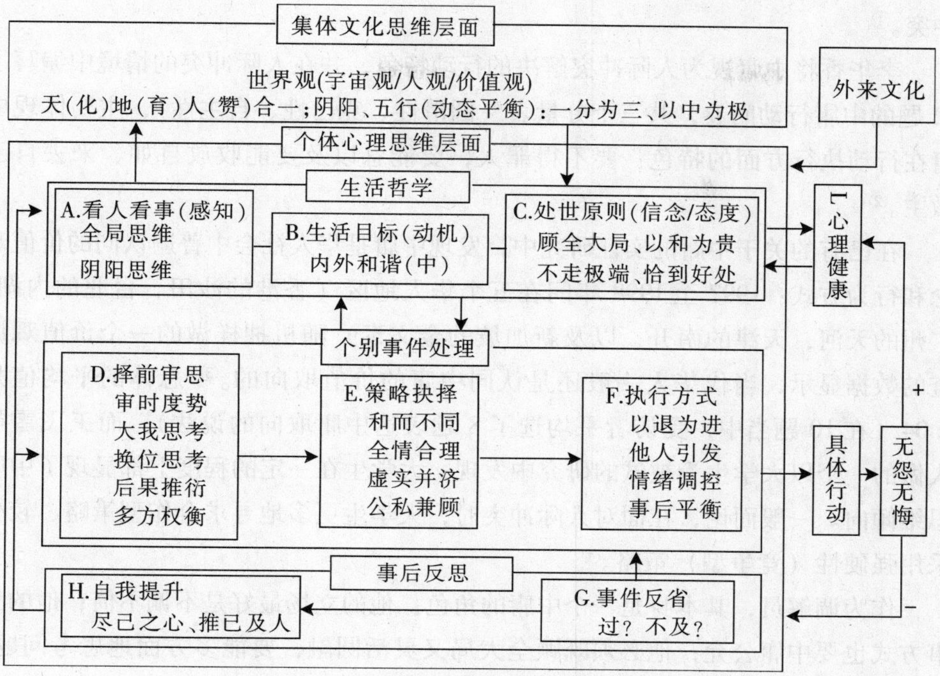

图 7.2　中庸实践思维体系构念化全图①

郑思雅、赵志裕等人将中庸作为一种处理具体事件的思维模式，郑思雅等人首先将中庸思维与辩证思维挂钩，认为中庸思维是中国式的辩证思维，体现在处理具体事件的层面，包括人们如何行动的三个主要面向：（1）行动目标——中和；（2）感知方式——顾全大局和人情复杂的互动关系；（3）执行行动——执中（辞让、避免偏激）。② 赵志裕还改编了早期杨中芳与赵志裕（1997）的“中庸实践思维量表”，制成了一个 14 题的迫选式“中庸（行动）思维量表”。③

吴佳辉与林以正以“权”与“和”为核心概念，将“中庸”视为是在团体中大家有不同意见时，“由多个角度来思考同一件事情，在详细地考虑不同看法之后，选择可以顾全自我与大局的行为方式”，根据这一构念化，他们编制了一个 13 题的自陈式量表，包括三个维度：（1）多面性：多方面思考问题；（2）整合性：做决定时整合自己及大家的意见；（3）和谐性：注重以和谐的方式处理

① 杨中芳：《中庸实践思维体系探研的初步进展》，《本土心理学研究》2010 年第 12 期。

② 郑思雅、李秀丽、赵志裕：《辩证思维与现代生活》，《香港社会科学学报》1999 年第 15 期。

③ 赵志裕：《中庸思维的测量：一项跨地区研究的初步结果》，《香港社会科学学报》2000 年第 18 期。

冲突。[①]

李华香将中庸视为人际冲突解决的行动特色，并在人际冲突的情境中编写了12题的中庸行动问卷，共三个分量表（圆滑性、克己性、自主性），主要体现中庸在行动执行方面的特色：要不得罪人，要能忍以及要能收放自如、来去自己做主。[②]

在已有的关于中庸的实证研究中，发现中庸是华人社会中普遍认同的价值观念和行为方式：1997至1998年间在五个华人地区（香港的沙田、台北的内湖、广州的天河，天津的南开，以及新加坡的金文泰）随机抽样做的一个价值观调查的数据显示，当代华人一般还是认同中庸的价值取向的。[③] 总体的平均值是8.04（在10题当中，受访者平均选了8题表达中庸取向的说法）。而王飞雪等人做的一个以大学生为被试的研究中发现：大学生在一定的程度上都显现了中庸思维倾向。一般而论，在面对人际冲突时，大学生更多地寻求合作型策略、较少采用强硬性（竞争型）策略。[④]

作为调解员，其本身是一个中庸的角色：他的立场最好是不偏不倚；他的处事方式也要中庸公允；他必须既顾全大局又灵活圆融，要能多方面地思考问题，能够认清各种复杂的互动关系，能够整合各方面意见，并通过在双方存在差异和冲突的利益和立场之间的拿捏，在情理法之间的权衡，帮助当事人寻求到最适宜的纠纷解决的方案。可以看到，中庸思维是一种很适合解决冲突的思维方式，但是确实难度很高，因为并没有一个绝对的标准告诉我们“度”在哪里，也没有一套操作化的流程告诉我们“权”究竟应当如何做？中庸并不是两边各打五十大板的简单的和稀泥，中庸是一种更高的智慧，需要更强的洞察力和创造力。如杨中芳所言，中庸之道在不伤害人际和谐的基础上，要整合多方意见或者解决人际冲突，要达到这一目标是很需要想象力和智慧的。[⑤] 难怪孔子会说：“中庸之谓德也，其至矣乎！民鲜久矣。”他将“中庸”奉为君子才有的“至德”，在普通民众当中是很少见的。学者张德胜、金耀基人也认为中庸理性可以算是知易行难的典型，要做到“恰如其分”，行动者必须具备“拿捏分寸”的本领。所以，

---

① 吴佳辉、林以正：《中庸思维量表的编制》，《本土心理学研究》2005年第2期。

② 李华香：《人际冲突中的中庸行动研究》，中山大学2005年硕士论文。

③ 张德胜、金耀基、陈海文、陈健民、杨中芳等：《论中庸理性：工具理性、价值理性和沟通理性之外》，《社会学研究》2001年第2期。

④ 王飞雪、伍秋萍、梁凯怡、陈俊：《中庸思维与冲突情境应对策略选择关系的探究》，《科学研究月刊》2006年第4期。

⑤ 杨中芳：《中庸实践思维体系探研的初步进展》，《本土心理学研究》2010第12期。

尽管华人普遍认同中庸的价值，但真正能够付诸实际行动的人有多少，在他们看来尚是未知之数。即便不容易，但是以帮助当事人妥善处理纠纷作为职业的调解员，仍应当以此来要求和训练自己，做一个有创造力的中庸者。与此同时，调解员也可以多用中庸文化去引导当事人认知纠纷、思考纠纷解决的策略。高中庸者也会更倾向于以和谐的方式去进行沟通，同时也会更愿意用合作的方式去看待和解决纠纷。在王飞雪等人的研究中发现，高中庸的大学生更倾向于选择合作性的应对策略，而低中庸的大学生更倾向于选择妥协性应对策略。[①] 这一点说明，高中庸者的行动策略并不是“妥协”，而是用“让一步”来寻求“进一步”合作，是“以退为进”。

四、中国社会的权威与调解

1961 年，美国心理学家米尔格莱姆（Stanley Milgram）做了一个在后来的社会科学研究史上总被反复提及援引的实验。有 40 名自愿者参加实验，指导者向这些被试者解释说这是一项有关学习与记忆的研究，目的是想了解惩罚对学习效果的影响。要求两人一组，用抽签的方式决定其中一人当学生，另一人当教师。教师要核对学生每次任务完成的对错，如果错了，教师就得通过按电钮给学生以电击做惩罚。实际上，指导者事先已经安排了每次抽签的结果总是真正的自愿者作为教师，而抽到学生的其实都是暗地里安排的实验者的助手（也就是同谋）。在实验过程中扮演学生的假被试者和扮演教师的真被试者被分别安排在不同的房间。学生的胳膊上绑上电极并被绑在椅子上，以便在任务出错时被教师惩罚。教师与学生之间是通过声讯的方式进行联系的。教师的操作台上每个电键都标明了电击的严重程度，从 15V 的“轻微”到 450V 的“致命”，由 400V 开始，仪器表上贴着“危险，强烈电击”的警告。这些电击实际上都是假的，但为了使扮演教师的被试者相信整个实验，实验之前会让其接受一次强度为 45V 的电击作为体验。

在实验中，学生每答错一题，实验指导者就要教师加重电击量。随着电击强度的增加，学生也由呻吟、叫喊、怒骂逐渐到哀求、讨饶、踢打。如果扮演教师的被试者在实施电击惩罚时表现犹豫。指导者则严厉地敦促他们继续实验，并说

① 王飞雪、伍秋萍、梁凯怡、陈俊：《中庸思维与冲突情境应对策略选择关系的探究》，《科学研究月刊》2006 年第 4 期。

一切后果由指导者承担。最后实验的结果令人吃惊，在这个实验过程中，当电压增加到300V时，只有5人拒绝再提高电压，当电压增加到315V时，又有4人拒绝服从命令，电压为330V时，又有2人表示拒绝。之后，在电压达到345V、360V、375V时又各有1人拒绝服从命令。共有14人（占被试者35%）做出了种种反抗以拒绝执行指导者的命令。另外26个被试者（占被试者的65%）服从了指导者的命令，坚持到实验的最后，尽管他们表现出了不同程度的紧张和焦虑。后来米尔格兰姆将实验在许多不同团体的人和不同的情境重复好几十次，所得到的结果基本上都是：大部分的人会去顺从来自外部的权威，当权威人士命令做某事时，即使这样做会违背其良心或者明知道服从是错误的，大多数人还是服从。①

调解是在尊重当事人的独立人格和意愿的基础之上的，因此肯定不是一个用权威的力量强硬地迫使当事人服从的活动。但是无论是从米尔格莱姆的实验还是生活经验都告诉我们，权威对人们的影响力是很大的。社会心理学关于说服的研究，也发现当说服主体是有魅力的人或者是被说服对象认可的权威时，会取得较好的说服效果，并且越是社会地位较低、受教育程度较低以及生活在集体主义文化中的个体，越倾向于听权威的话。

（一）权威、权威人格与调解

对于权威概念的界定，基本上都是围绕命令、服从和权力展开的。美国政治学家伊斯顿（David Easton）认为："经常被人服从的是权威"；社会学家马克思·韦伯（Max Weber）把"权威"定义为任何命令和服从关系，他也把它称做"权力的特例"；哲学家汉娜·阿伦特（Hannah Arendt）把权力等同于合法权威；心理学家阿多诺（Adorno）则将权威界定为是基于相互认同的命令和服从。阿多诺进一步提出了"权威人格"的概念，即在命令与服从之间所形成的一种具有双重特性的人格。后来有许多学者概括了权威人格的特征，虽然这些描述不尽相同，但是有两点基本上是一致的，即权威人格具有服从权威和以权威自居的双重心理特征。有学者认为，中国长期的封建社会的宗法制和父权传统，使传统社会中的"家"体现了太多的"国"的意志与权力，为权威人格的形成了提供了

① 戴维·迈尔斯：《社会心理学》（第8版），侯玉波、乐国安、张智勇等译，人民邮电出版社2006年版，第156页。

文化土壤。[①] 权威人格在中国文化中是否更为普遍？这一问题缺乏实证研究的验证，在这里我们也可以不去加以讨论，但是权威人格的特质以及与其相关的心理学研究的发现，却能给调解员们在纠纷解决时带来一些启发。

已有的对权威人格的心理学研究发现，权威人格与政治上的保守主义呈明显的正相关，[②] 高权威主义者对重罪犯判以更多的死刑，[③] 对强奸犯判以更长的刑期。[④] 本杰明（Benjamin）通过对权威人格和暴力态度的相关研究发现，权威人格与对战争、暴力刑罚、体罚的态度呈显著正相关。[⑤] 诺利斯（Norris）认为，在对权威主义的研究中，道德思维有着至关重要的作用，因为权威主义者的惩罚本性（Punitive Nature）来源于他们对规则和法律在社会生活中扮演关键性角色的一种信念。诺利斯还认为，稳定的社会秩序对权威人格者来说具有特别重要的意义。[⑥] 李小平等人的一项关于权威人格和权力感对道德思维方式的影响的研究，以公检法系统的122名公务员作为被试者，结果发现：高权威人格的被试者相对于低权威人格的被试者都表现出了更多的基于规则的道德思维方式，而且高权威人格者比低权威人格者更认为自己的选择是合理的，特别是在高权威人格者感受到比较多的权力感时，这种差异比较明显。[⑦]

研究者也指出，这些研究的结果将有助于我们从道德决策的角度去分析一系列的冲突事件。在诸如土地征用、房屋拆迁、城市管理等情境中，官员或执法人员因其强的权威人格与高的权力意识，在道德决策时更倾向于采用规则导向的思维方式，他们会强调法律与法规、稳定与秩序；作为土地的被征用方、房屋的被拆迁方以及城市中的小商小贩等通常都是低权力感的一方，而不论他们权威人格的强或弱，在对自己的行为是应该还是不应该的道德判断中，一般不会采用以规

---

① 刘光宁：《中国社会的父权家庭与权威人格》，《杭州师范学院学报（自然科学版）》2003年第2期。

② Crowson, H. M., Thoma, S. J., & Hestevold, N. Is political conservatism synonymous with authoritarianism? The Journal of Social Psychology, . 2005. p145, p571 - 592.

③ McCann, S. J. H. Societal threat, authoritarianism, conservatism, and U. S. state death penalty sentencing (1977 - 2004) . Journal of Personality and Social Psychology. 2008. p94, p913 - 923.

④ McCann, S. J. H. Authoritarian personality and rape sentence length in conservative and liberal states. Journal of Social Psychology. 2009. p149, p384 - 386.

⑤ Benjamin, A. J. The relationship between right - wing authoritarianism and attitudes toward violence: Further validation of the attitudes toward violence scale. Social Behavior and Personality. 2006. p34, p923 - 926.

⑥ Norris, G. The Authoritarian personality in the 21St century. Unpublished doctorial dissertation, Bond University. 2005.

⑦ 李小平、杨晟宇、李梦遥：《权威人格与权力感对道德思维方式的影响》，《心理学报》2012年第4期。

则导向为主的道德思维方式，而更可能采用结果导向的思维方式，即在一种涉及自身利益的冲突中，其行为的标准不在于行为本身是否与已有的规则相一致，而在于行为的后果是否对自己有利。这样，强势的一方可能从规则出发，采取强硬与难以通融的态度，而弱势的一方则从实际的结果出发，不顾规则而强调现实的利益。这种在思维方式上的差异将导致双方在问题分析与解决中持有不同的观点与立场。在政府官员的眼中，民众一方对自身利益的一味追求是对规则的违反。而在民众看来，任何规则都不能损害他们的利益，而且他们总是抱有改变现状以使自己生活得更好的希望。在一方坚持原则以保证法律或法规的严肃性，另一方希望变通和讲求实际以维护和提高自己的利益时，双方的冲突就可能由此而产生。如果我们把在道德思维方式上的差异看做是社会冲突的一个原因的话，那也给我们解决冲突提供了一个思路。一个好的解决冲突的方案应该既是基于规则的、也基于结果的，只有把两者结合起来才可能形成双方都能接受的解决方案。另外，对弱势一方来讲，在为其争取权利的时候，尽可能地不要高权威人格的强势一方对其做出变通的处理或给予“破例”的对待，因为这是与他们以规则导向的道德思维方式相悖的。较好的做法是首先清楚地表明法律、法规的重要性，然后在已有规则的框架内提出要求。[①] 因此，调解员们在接触当事人时，可以特别注意那些表现出高权威人格特质的当事人，尤其是拥有某些法定权力的公务人员。仲兵和刘爱芳曾通过对90名在职公务员和125名非公务员的抽样调查发现，公务员与非公务员相比，具有明显的权威人格倾向，而且这种权威人格倾向与职务高低无关。当高权威人格者又拥有较强的权力感时，他们更关注规则的合法性，也更倾向于以权威自居让他人服从自己，但是当其面对一个高于自己的合法权威时，他们会更愿意服从于这个权威。[②]

（二）中国社会的调解权威与变迁

在过去，中国社会中的调解者往往本身就是当地百姓心目中的权威：村落中的村长、宗族中的族长、单位中的领导以及法院的法官等。因此传统文化中的调解往往同时带着道德教化的功能，特别是当调解的主体是道德权威时，往往是会依据调解者本人的道德准则做出判断，对纠纷双方进行批评，“以上令下”地要

① 李小平、杨晟宇、李梦遥：《权威人格与权力感对道德思维方式的影响》，《心理学报》2012年第4期。

② 仲兵和、刘爱芳：《对我国公务员权威人格的调查分析——以江苏部分公务员为例》，《理论前沿》2009年第2期。

求双方反省自身，各自退让。比如费孝通先生在《乡土中国》中就描述过他参与的一个调解案例："……其他负有调解责任的是一乡的长老……他的公式总是把那被调解的双方都骂一顿。'这简直是丢我们村子里脸的事！你们还不认了错回家去。'接着教训了一番。有时竟拍起桌子来发一阵脾气。他依着他认为'应当'的告诉他们。这一阵却极有效，双方时常就'和解'了，有时还得罚他们请一次客。我那时常常觉得像是在球场旁看裁判官吹哨子，罚球。"① 这种权威调解的模式显然已经不大适合于现代社会，但是调解者的权威身份仍然会在调解中起作用，即便调解员本身并非权威，但是在必要的情况下，仍然可以动用有效的权威资源来说服当事人。

1. 权威类型与中国乡村社会权威变迁

马克思·韦伯根据权威来源的不同将权威分为三种类型：法理型权威、传统型权威和魅力性权威，法理型权威是与一套界定清晰的法律规则联系起来的，权力最终决定于正式的宪法规则，这些规则制约或限制着公共权力和公职人员的权力行为，是为大多数现代国家典型运用的权威运作形态，典型的法理型权威的拥有者是"上级"。传统型权威的合法性来源于传统和习俗的影响，其中包含了从过去到现在的所有东西即存在已久的习惯、习俗、制度、社会或政治体系、价值、信仰等。这些由前人已接受并被历史神圣化的作为固定且不容置疑的规则被公众普遍接受，既反映了社会的连续性传承，也反映了传统型权威是社会向来如此的方式并无需证明的事实。最典型的例子是在中国社会长期存在的家长制、父权制以及在一些农村还存在的老人政治。魅力型权威，又被叫做克里斯马型权威，韦伯指出这种权威与个人地位、社会位置或职务无关，而纯粹是领导人作为某种英雄或者圣人有能力向追随者进行直接和个人的倾诉，来发挥影响。在当代政治界不乏这样的人物，如希特勒、墨索里尼、卡扎非等都无一例外地利用了其自身的人格特质和魅力来激发忠诚，从而扩大权威和稳定政权。这样的统治合法性完全是基于公众对于领袖人格崇拜的背后支撑。当然马克思·韦伯划分的这三种类型的权威也是三种理想型，也就是非常极致、纯粹和典型的类型，而在真实社会中的权威，往往不会这样纯粹简单，一个权威者身上常混合有两种甚至三种权威类型，但从这三种理想型中不难发现社会生活中权威的获得不外乎两个方面的来源——社会制度和个人素质。就近代中国而言，赵旭东认为伴随着国家宏观

① 费孝通：《乡土中国》，上海人民出版社 2007 年版，第 53 页。

政治结构的改革或重组，中国乡村的权威格局至少经历了三次重大的变迁[①]：

第一次变迁发生在清末民初，当时的政府不断强化对乡村的剥削和政治渗透，即所谓的“政治下沉”。因为国家政权建设的失当，这使得村庄权力依托的“文化网络”遭到破坏，使过去乡村精英的“保护经纪人”的角色被“赢利型经纪”取代[②]；第二次变迁发生在新中国建立（特别是农业合作化运动后）的初期，在这一时期，国家通过意识形态的组织结构以及有效的干部队伍实现了对村落社区社会生活所有方面的渗透与组织。人民公社时期的生产大队，实质上是党在乡村的一元化领导；第三次变迁发生在1978年开启的改革开放进程中，特别是推行家庭联产承包责任制之后。20世纪80年代的中国乡村进入了一个前所未有的快速转型期，主要体现在三个方面，首先是人民公社政社合一的政体被打破，乡政村治治理体制的建立。二是家庭联产承包责任制和市场化取向成为新时期乡村社会经济状况的两个最基本的规则。三是以宗族家族为代表的地方传统文化形式的复兴。[③] 刘华安指出，随着社会主义市场经济的建立和逐步完善，经济资本逐渐全面渗透进了乡村生活；村庄权力结构中出现了一些新的生态，比如大量土地被征用过程中村干部群体（体制内精英）的“富人”化、体制内部精英中非党员干部的比例上升，村企业管理层的作用越来越突出（如“老板治村”），非正式的领袖人物分割村落社区的权力等，我国村落社区一个多元化的权力结构正在形成。[④]

经过了多次变迁之后，中国乡村社会权力结构当前已经开始进入了一个新的重组和调适的阶段，就目前的现实情况而言，构成中国乡村社会权力主体的社会群体或阶层有四个：乡村基层干部、财富型能人、知识型能人和地方拳头势力，在理论上他们可以分别代表中国乡村社会的政治精英、经济精英、文化精英和“混世”精英。这四个群体的出现是中国社会历史发展演变的自然产物，古代乡村社会就存在这些身份主体的影子，比如乡绅、地主富农、私塾先生和地痞无赖。经过20世纪的政治巨变，这些乡村精英不断改换身份符号，但仍旧保持了各自的生命力，以新的姿态出现在乡村社会权力舞台上，他们相互之间的博弈实

① 赵旭东：《权力与公正——乡土社会的纠纷解决与权威多元》，天津古籍出版社2003年版。

② 杜赞奇：《文化、权力与国家》，江苏人民出版社1996年版。

③ 周大鸣、杨小柳：《社会转型与中国乡村权力结构研究——传统文化、乡镇企业和乡村政治》，《思想战线》2004年第1期。

④ 刘华安：《村落社区权力结构变迁及其影响》，《理论与改革》2007年第5期。

际上构建着当代中国的乡村社会权力结构和秩序形态。①

2. 中国乡村社会纠纷解决权威主体类型与变迁

陈柏峰则认为可以将村庄中占主导地位的纠纷解决主体划分为内生权威和外生权威。将内生权威又划分为原生型内生权威和次生型内生权威。内生权威是来自村庄内部的纠纷解决主体。原生型内生权威主要来自村庄传统，是非正式组织下的产物，如宗族头人，小亲族内的老掌盘子等民间权威人物；次生型内生权威虽然也来自村庄内部，却主要依靠外来制度赋予，典型的如村干部，外生权威则来自村庄外部的权威力量，其权威来源大多来自国家力量，如政府干部、法官等。由于国家政权建设和现代国家建构的进展，国家权力日益深入乡村，同时由于国家能力的限度，不得不采取简约治理模式，次生型内生权威应当是一种较为主要的模式。在这种模式下，村干部来自国家基层政权的认可，是国家力量介入村庄的途径，国家力量保障了其权威来源的合法性，尽管名义上也许要通过村民选举；同时，他们来自村庄内部，其权威有一定的村庄内部基础，是构成村庄秩序的基础，也是外来国家权力发挥作用的基础。在这里，传统和现代并非冲突，而是相辅相成。② 赵旭东、辛允星的研究也认为在当今中国农村纠纷解决中的权威主体，主要为村干部，在农村较为常见的地界纠纷、宅基地纠纷、打击斗殴、邻里纠纷等中，由村干部出面调解的频率颇高（见下表），村庄宗族势力在某些类型的纠纷解决中也起到了一定的作用（主要是家庭与人际矛盾的化解），而财富型精英的作用主要体现在经济方面。③

表 7.1　被调查农民通过村干部解决各种纠纷矛盾的的比例

事项	宅基地纠纷	邻里纠纷	打架斗殴	离婚	地界纠纷	经济纠纷
比例	72.2%	70.1%	72.4%	53.2%	80.3%	70.8%

而在另一项关于民间纠纷调解的研究中，研究者将王村的纠纷调解主体进行了相应的归类（见表 7.2），并发现从 20 世纪 90 年代以来，王村的民间纠纷调解的主体一直在变化：在 1991 年 12 月至 2002 年 6 月间常见的调解人是村干部、宗亲长辈和民间精英，在 2002 年 7 月到 2005 年 12 月期间内常见的调解人只有民间精英，村干部已经很少参与到家庭纠纷中；2006 年 1 月到 2010 年 12 月期间

① 赵旭东、辛允星：《权力离散与权威虚拟：中国乡村“整合政治”的困境》，《社会科学》2010 年第 6 期。

② 陈柏峰：《村庄纠纷解决：主权与治权——皖中葛塘村调查》，《当代法学》2010 年第 5 期。

③ 赵旭东、辛允星：《权力离散与权威虚拟：中国乡村“整合政治”的困境》，《社会科学》2010 年第 6 期。

常见的调解人是权威外的其他人。可见，在王村的情况是村干部和民间精英都在逐渐退出民间纠纷的调解。①

表 7.2　王村纠纷调解主体及归属权威

调解者	权威类型
法官	外生权威
乡镇干部	外生权威
村干部	次生型内生权威
民间精英	原生型内生权威
宗亲长辈	原生型内生权威

可见，在不同的村庄中，占据主导地位的纠纷解决主体可能有所不同。在一些地方性规范较弱，缺乏精英和宗族领袖的村庄，其纠纷解决的主体可能是地方拳头势力或者是其他类型的权威。比如，陈柏峰对皖中葛塘村的调查发现，从 1990 年代开始，乡村干部作为纠纷解决系统开始弱化，而在 2000 年以前，村庄中活跃着一些"混事者"帮助纠纷的解决。"混事者"本意是指乡村混混，一般在村庄中经济条件比较好，人缘比较广泛，有面子，能说会道，在各方面都吃得开，因此会被村民请去解决纠纷。纠纷解决中双方村民都需要给混事者面子，通过协调来解决纠纷。这表面上看似与传统时代每个家族中的"头面人物"出面帮助调解纠纷有些类似，但实质却相差很远。传统时代的"头面人物"都是道德情操高尚之辈，他们解决纠纷依靠摆事实、讲道理，对村民实行道德感化。当前的混事者并没有道德优势，他们解决纠纷虽然有时也讲事实和道理，但背后依赖的却是暴力和暴力威胁。混事者能够解决纠纷，不但由于他们有面子，能讲"理"，更重要的是他们还能讲"狠"。人们"给面子"常常是基于混事者背后的力量。②

而另一项在安顺周村所做的关于民间权威和乡村秩序的研究中，研究者着力描述和分析了安顺地戏"神头"在当地村民纠纷解决中的重要作用。神头是村落仪式的主持人，与族长等被研究者归类于"绅士"阶层，是一种原生型内生权威，这种权威在新中国建立以后被瓦解，取而代之的是新的权威阶层——村干部，但在改革开放以后，随着国家在村民生活空间的逐步退出，一些民间仪式重

① 王义：《当代民间纠纷调解与社会转型——以河南项城王村为中心》，江西财经大学 2012 年硕士论文。

② 陈柏峰：《村庄纠纷解决：主权与治权——皖中葛塘村调查》，《当代法学》2010 年第 5 期。

新开展，"神头"等重回村落舞台，在某些村落，"神头"甚至又重新扮演起了纠纷调解者的角色。比如在安顺周村，在家庭联产承包责任制实行之后，村民在生活、迁移、工作等方面有了较多的自由支配权，乡村干部掌握的集体公共资源越来越少，对村民生活的影响也越来越少，村庄的中经济型精英，要么在外面赚钱，不关心村庄的公共事务，也被村民认为是"外人"；还有一些虽然常常利用自己在外的关系和经济能力为本村谋福利，但是村民们对他们的信任也只是建立的金钱的基础上。因此，当村民们遇到纠纷时，倾向于信任"神头"来主持调解。一方面，这两位神头拥有来自传统习俗赋予的社会地位，更重要的是他们为村落做出过许多贡献，并且树立起了良好的道德形象，被村民们认为他们"正"，为人做事有威信，获得了村民的好感和认同。[①]

总体来讲，中国乡村基层政治的整体特征可以概括为"权力离散"与"权威虚拟"。[②] 乡村社区内部的政治权力分散于不同的社会精英群体手中，权威主体多元化，且呈现出分离化的趋势。在关于村庄各种类型社会精英的调查中，有20.6%的被调查者承认自己村庄存在政治精英；有37.4%的被调查者回答存在社会（知识型）精英，有54.8%的人认为存在经济精英，村民对村庄各类型社会精英的认可程度并不高，以至于很多被调查者认为并不存在这样的人物，受市场经济观念的影响，财富型能人更容易获得村民的承认，因此承认村庄存在经济精英的人超过了被调查者总数的一半，而其他两种类型的乡村精英相对被更少的人所承认。与此紧密相关的社会公共权威主体往往停留在表面上的政治核心地位，却难以真正发挥社会整合的功能。在中国文化中，人们心目中的权威角色是"主持社会公正，为民请命"的人[③]，但是在市场经济环境中和离散化的政治状态下，这样的角色扮演已经失去了传统的社会土壤和现实基础，不管农民是否承认自己村庄中存在社会精英，他们在总体上对村庄集体的认同性都呈下降趋势。

【本章小结】现代调解的本土性与传统调解的现代化

在这一章中，笔者选取了几组与冲突解决、调解密切相关的本土文化主题：人情与面子、气与气场、尚和与中庸以及中国人的权威，向读者们介绍本土心理

① 牛加明、牛奔玉：《民间权威与乡村社会秩序——以周村纠纷解决为例》，《西北民族大学学报（哲学社会科学版）》2013年第2期。

② 赵旭东：《权力与公正——乡土社会的纠纷解决与权威多元》，天津古籍出版社2003年版。

③ 王铭铭：《村落视野中的文化与权力：闽台三村五论》，三联书店1997年版，第267－330页。

学和本土社会学的相关研究，这些研究能够帮助我们更好地理解中国人的心理与行为，更透彻地看清本土文化中的纠纷以及纠纷解决的关键所在，也试着提出了一些相应的具体策略技巧。调解活动是要落实到真实的社会生活领域中，是要实际地解决当下的问题的，是与生活在一定社会、文化、时代中的真实个体发生互动的。通俗地说，调解是一件需要接地气的活，那么就得适应当下本土的文化和心理。而对于调解员来讲，更重要的是要能够在一定的文化语境中去理解双方当事人的立场（包括他们的价值取向、心理需求、情感、动机、心结以及顾及等等）和利益（大部分的纠纷不仅仅只是金钱利益的问题，面子、人情、关系、尊严等也常常是当事人十分在意的问题），在准确理解的前提下，调解员才能以顺应本土文化的方式与当事人进行沟通，并且寻求到适合该文化的有效的问题解决策略。尤其是在民间纠纷调解中，这一点显得尤其关键，因此每一位调解员首先应该是一位熟知本地风土人情的民俗心理学家和社会学家。

另一方面，尽管调解发源于中国，中国文化有着悠久的调解传统，但是随着历史的发展、社会的变迁，中国的社会与文化也在随之发生改变：我们的社会正在转型，从传统的熟人社会、农耕文化向工业社会和现代性转变。与此同时，中国人的人际关系、互动法则、价值观念和权威结构等也在逐渐发生着变化。传统文化仍然影响着中国人，但在有些方面已经逐渐式微。调解，作为一种社会活动，既要因地制宜，也要与时俱进。因此，在关注现代调解的本土性的同时，我们还需要探索和思考的是中国传统调解的现代化问题。

附录 案例索引

后 记

本书是法学专业与社会学专业老师精诚合作的结晶。三年前，当我们正在策划开发“如何当好调解员”的系列丛书时，我们就特别期待有社会学和社会心理学背景的老师能加入我们的团队。2012 年我们首次在浏阳举办中美调解研讨培训会议，特邀请了社会学专业的邬欣言、秦加军和王琳丽老师，研讨会后，他们开始对调解这一融合了多学科研究成果的领域产生了浓厚的兴趣。在接下来的几年中，他们多次参加了由湘潭大学法学院、湖南省调解理论研究与人才培训中心主办的中美调解国际研讨培训，以及在湖南郴州的基层调解制度调研，对调解的理论、技巧、文化等有了比较深刻的了解，也积累了不少的调解案例和访谈资料。

2014 年春节之前，我们开始正式着手准备本书的写作提纲，虽然社会心理学会关注到冲突解决、谈判和人际沟通等，这些主题都是和调解密切相关的，但是系统地从社会心理学的视角去聚焦于调解活动的著作或教材却是罕见，因此我们的工作有些无章可循，一开始觉得难度不小。但随着对材料掌握的逐渐全面和深入，随着团队的多次讨论与精进，思路越来越清晰，全书的框架也最终被敲定。不过，这里需特别说明的是，在本书的撰写过程中，邬欣言老师付出了尤为艰辛的劳动，承担了写作提纲的拟定与统稿工作；谢勇主任在百忙之中对本书的写作给予了悉心的指导，提出了许多建设性的意见并和廖永安教授承担了最后的审定工作；邓春梅、秦加军、覃斌武和程波老师也对此书的结构和写作风格提出了许多宝贵的建议。总之，这本书是团队智慧的结晶。具体章节写作的分工情况是：前言：邬欣言；第一章：秦加军、廖永安；第二章：秦加军；第三、四章：邬欣言；第五章：覃斌武；第六章：邓春梅；第七章第一节：秦加军，第二节：邓春梅，第三、四节：邬欣言。

写作团队中的每一位老师都是“大忙人”，但是却非常具有合作精神，每一次的修改意见他们都很虚心的接受，很用心地对待，让人感动。正是有了这样的团队，这本书才能够得以顺利成稿。最后，还得感谢湘潭大学出版社的雷勇、刘文情等编辑的辛勤劳动。

希望《如何当好调解员：社会心理学在调解中的运用》能够受到读者们的喜爱，能够给第一线的调解员们带来实际的帮助！也欢迎读者、专家们批评指正！

编　者

2015 年 10 月 9 日

图书在版编目(CIP)数据

社会心理学在调解中的运用 / 谢勇等编著. —湘潭：湘潭大学出版社，2016.4

(如何当好调解员 / 谢勇，廖永安主编)

ISBN 978-7-81128-881-0

Ⅰ. ①社… Ⅱ. ①谢… Ⅲ. ①社会心理学—作用—调解(诉讼法)—研究—中国 Ⅳ. ①D925.04

中国版本图书馆 CIP 数据核字 (2015)第 244498 号

社会心理学在调解中的运用

谢 勇等 编著

责任编辑：刘文情 雷 勇
装帧设计：山和水品牌设计 刘 峰 刘 娟
出版发行：湘潭大学出版社
社 址：湖南省湘潭市 湘潭大学出版大楼
电话(传真)：0731-58298966 邮编：411105
网 址：http://press.xtu.edu.cn
印 刷：长沙鸿和印务有限公司
经 销：湖南省新华书店
开 本：787×1092 1/16
印 张：11.25
字 数：202 千字
版 次：2016 年 4 月第 1 版
印 次：2019 年 12 月第 3 次印刷
书 号：ISBN 978-7-81128-881-0
定 价：27.00 元